Leo Moreno

Annialice

O Abusador Mora Comigo

Annialice

O Abusador Mora Comigo

Leo Moreno

São Paulo
2021

Annialice
O Abusador Mora Comigo
de **Leo Moreno**

Editor
Eldes Saullo

Revisão:
Elisa Dias

Projeto Gráfico e Editorial
Casa do Escritor

Dados Internacionais de Catalogação na Publicação (CIP)

M843a Moreno, Leo
Annialice – O abusador mora comigo / Leo Moreno. – Itajaí/SC: Publicação Independente – Casa do Escritor, 2021.

ISBN 9798469517870

1. Comportamento (Psicologia) 2. Sexualidade.
3. Psicopatologia. I. Título.

CDD: 150.71

Direitos Autorais: Leonel de Alencar Moreno 2021. Reservados todos os direitos. Nenhuma parte desta obra poderá ser reproduzida por fotocópia, microfilme, processo fotomecânico ou eletrônico sem permissão expressa do autor.

*À memória de minha mãe, da qual herdei
o desejc de escrever. Saudades...*

Dedicatória

À minha querida esposa Janete, pois esse amor mútuo é o guia de nossas vidas.
Aos meus queridos filhos Leandro e Lizandra, frutos desse amor, nossos orgulhos.

Sumário

PREFÁCIO

Este livro não trata de um tema novo no cenário mundial, mas sua relevância exige que seja divulgado, propagado, a fim de que seu conteúdo sirva de alerta a todas as instituições sociais e para que as medidas de proteção às vítimas de abusos e violações sejam mais eficazes.

A história real se desenrola a partir da personagem principal Annialice, uma jovem de vinte e dois anos, primogênita, que desenvolve uma compulsão sexual obsessiva a partir de abusos cometidos por seu pai até seus nove anos de idade. Essa compulsão chega ao clímax durante a adolescência e a juventude, desencadeando uma vida de prazer e desprazer em seus relacionamentos. O enredo acompanha seu desenvolvimento mental e físico.

Uma criança inocente sente cócegas ao ser tocada pelo genitor em suas zonas erógenas (consideradas isentas do prazer sexual nessa idade), mas a frequência com que isso é feito acaba despertando o desejo. (Primeira parte: Abuso sexual – Inocência Violada).

Ao deixar o convívio familiar para interagir socialmente na escola pública, a criança dedica-se integralmente aos estudos e participa dos eventos escolares, inibindo parcialmente a sexualidade. Contudo, seu pai não a deixa esquecer os segredos, mantendo acesos o desejo e o prazer. (Segunda parte: Inibição dos Instintos Sexuais).

Aos quinze anos, em sua busca compulsiva pelo prazer, é seduzida pelo namorado e tem sua primeira relação sexual. Contudo, na ânsia de fotografar a situação, o jovem provoca uma penetração inesperada e violenta, transformando o ato num estupro. A selfie é publicada nas redes sociais por um de seus amigos. (Terceira parte: Iniciação Sexual Deflorada).

O compulsivo desejo sexual faz com que a adolescente se entregue a uma paixão desenfreada por um jovem que, no fim das contas, é a imagem simbólica de seu pai. Durante quatro anos, ela se mantém nesse relacionamento conflituoso, regido por drogas e bebidas alcoólicas, e se decepciona com as mentiras e traições de seu parceiro, obrigando-o, mais tarde, a submeter-se a práticas sadomasoquistas. (Quarta parte: Desejo Insatisfeito: Compulsão Sexual).

Depois de um tempo, encontra quem acredita ser o seu príncipe encantado, aquele que a faz encerrar seu namoro anterior e promete fazê-la feliz. Ela vive momentos de intenso prazer, mas, ao desconfiar de alguns gastos exagerados, descobre que ele está envolvido com tráfico de drogas. A ilusão se desfaz.

(Quinta parte: Encontros e Desencontros – Sexo e Drogas).

A personagem, então, começa a refletir sobre sua história, buscando uma resposta que possa conduzi-la ao domínio de si. Nessa busca, ela conhece uma disciplina eletiva denominada "Dinâmica do Inconsciente", que tem como objetivo o conhecimento sobre a teoria psicanalítica criada pelo austríaco Sigmund Freud. Ao entrar em contato com os ensinamentos da teoria, ela encara suas feridas internalizadas e decide se submeter ao tratamento da psicanálise. (Sexta parte: Retorno a Mim Mesma).

PRIMEIRA PARTE

Abuso Sexual – Inocência Violada

Papai sempre teve mais tempo para mim, era o que mamãe sempre dizia. Desde bebezinha, ele me dava banho e trocava minhas fraldas que, aliás, demorei muito para deixar de usar. Segundo ela, meu nascimento não havia sido planejado e a falta de experiência em cuidar de um recém-nascido a deixava com medo. A amamentação durou poucos meses, pois aparentemente eu era muito preguiçosa e logo parava de sugar seu seio – pessoas próximas, porém, diziam que seu leite havia secado. Assim, foi natural que papai assumisse os cuidados maternais desde meu período de berço, sem reclamar que cuidar de bebê é uma "função essencialmente feminina".

Na verdade, minha mãe teve alguns problemas em suas gestações, antes e depois de eu ter nascido, e talvez por isso não experimentava fortes sentimentos de posse em relação a mim. Sua primeira gravidez foi traumática: antes de dar à luz, foi constatado o óbito do bebê e ele teve que ser abortado. Talvez esse fato tenha sido um dos motivos de ela não querer outra criança ou de ter alegado falta de experiência para cuidar de mim. Apesar disso, numa tentativa bem sucedida, eu nasci e fui entregue a meu pai. Alguns anos depois, quando eu já estava com sete anos, ela engravidou novamente, mas a criança nasceu com uma doença grave e também morreu.

Uma outra questão que, suponho, teria diminuído seu desejo de ser mãe era o fato de que meu pai insistia em querer ter um filho homem. Aliás, os dois filhos que faleceram eram homens. Assim, restou para mim a decepção de ser aquela criança que os pais se contentam em ter.

Meu pai abraçou a ideia de ficar ao meu lado, de me acolher e cuidar de mim até meados da adolescência.

O trabalho profissional dele era por empreitada e costumava ser executado por pessoas contratadas. Desta forma, ele apenas verificava o que estava sendo feito, orientava as tarefas do dia e voltava cedo para casa, onde minha mãe costumava ficar para fazer os serviços domésticos. Fui crescendo com a certeza da presença deles, principalmente do meu pai.

Algumas vezes, durante a semana, lembro que era comum tomarmos banho juntos, eu, papai e mamãe, pois ele dizia que assim era mais rápido e não gastava muita água. Porém, quando mamãe não estava, ele se demorava mais comigo, esfregando várias vezes o sabonete em mim; suas mãos subiam, desciam e, às vezes, paravam entre minhas pernas, por trás e pela frente. Isso era muito gostoso, eu sentia cócegas.

Eu também ficava curiosa ao ver uma parte chamada por ele de "pinto" que eu e mamãe não tínhamos. Eu via aquilo crescer e estranhava, mas ele pedia que o segurasse com as minhas mãos e eu achava engraçado, pois tinha muitos pelos e um saco dependurado nele. No fim, fui me acostumando a mexer neles todos os dias, logo que entrava no banheiro ele crescia.

Mamãe era igual a mim nesta parte do corpo, mas tinha muitos pelos iguais aos do papai. Para mim, passou a ser uma brincadeira tocar com a mão no mesmo lugar do meu corpo para ver se também crescia e, mais tarde, acabei percebendo que eu também o tinha, porém era muito, muito pequenino e difícil de pegar.

Durante os banhos, papai me ensinava que os meninos têm o pinto e as meninas não, e que por isso a mamãe também não tinha, e nunca iria ser igual porque foi assim que a natureza fez. Eu odiava a natureza por isso e não me conformava. Às vezes, tentava urinar de pé como ele, mas acabava descendo tudo pelas pernas, molhando o chão e as coisas ao redor. Com o tempo, fui deixando essa ideia de lado e ele me consolava, dizendo que eu não precisava tê-lo igual ao dele.

Por volta dos quatro anos de idade, ouvi barulhos, gritos e gemidos vindos do quarto de meus pais. Assustada, fui correndo ver o que estava acontecendo, cheguei mais perto da porta entreaberta e, como ainda era dia, pude ver que eles estavam abraçados sem nenhuma roupa no corpo. Senti medo, pois vi os seios de minha mãe à mostra enquanto ela gemia de dor, e imaginei que papai estava lhe fazendo algum mal. Meu coração disparou e, chorando, gritei desesperada:

– Mamãe, mamãe! O que é isso?

Eles riram e papai falou:

– Nada não, Anni, vai brincar!

A porta continuou aberta. Não obedeci e voltei a perguntar:

– Tá doendo, mamãe?

– Não, filha, está tudo bem, vai brincar!

Papai levantou e, antes de fechar a porta, esboçou um sorriso, pegou seu pinto e mostrou para mim.

Aquela cena se repetiu por diversas vezes. À noite, eu também ouvia esses barulhos quando ainda estava acordada, mas eles vinham da televisão, dos programas que eles ficavam assistindo. Então, acostumada com a situação, passei a brincar com as bonecas sem as roupinhas, imitando-os na cama ou passando elas entre as minhas pernas. Um sentimento estranho tomava conta de mim em dado momento da brincadeira e, chorando de raiva, eu jogava as bonecas no chão, chutando e pisando em cima daquela que fazia o papel de minha mãe, pois não gostava de ver os dois juntos.

Quando os vi pelados na cama, imaginei que eles também gostassem de passar a mão um no outro como no chuveiro, e isso aumentou a minha vontade daquele prazer sentido ao mexer em meu "pinto". Inclusive, às vezes convidava minha prima para brincar de mexer "neles" ou de esfregá-los uma na perna da outra.

Brincávamos também igual a eles, deitadas e sem roupas; uma subia na outra e roçávamos até cansar.

Minhas amiguinhas da creche também passaram a gostar de se esfregar umas nas outras depois que eu as ensinei, mas quando éramos pegas "brincando de mexer", tínhamos que procurar outra brincadeira. Parecia que era proibido e, com o tempo, a gente começou a fazer escondido das "tias".

Eu também costumava ficar sozinha no banheiro de casa apenas para ficar mexendo "nele", de tão bom que era. O problema é que, como demorava muito para sair, logo batiam na porta... era mamãe me procurando, querendo saber se eu estava ali e o que estava fazendo...

– Que tanto xixi você faz, menina!

O banheiro era meu lugar preferido e, para todo lugar que eu fosse, sempre o procurava antes de qualquer coisa.

Um dia, em um dos banhos em que mamãe não estava junto, o pinto de papai estava crescido e ele o roçava entre as pernas como sempre fazia. Porém, dessa vez ele mandou que eu abrisse a boca e, aos poucos, foi encostando em meus lábios, mandou abri-los e o pôs dentro. Apertei com meus dentes meio sufocada, então ele ficou retirando e colocando novamente até que eu fosse aprendendo como beijá-lo e como deixá-lo entrar devagarinho. A partir daquele dia, essa passou a ser uma nova brincadeira muito legal, pois eu sempre levava o bico e meus dedos, antes, para a boca. Quando ficava muito alto para alcançá-lo, ele se sentava no chão e me ajudava a introduzi-lo na minha boca, ficando assim mais fácil e divertido.

Aquilo era bem diferente da minha chupeta e da mamadeira que eu usava todos os dias, pois me obrigava a abrir demais minha boca e, às vezes, incomodava. Há um certo tempo do brincar, papai fazia uma cara feia e, em seguida, espirrava um tipo de leite branco em mim; eu acabava engolindo um pouco antes dele retirar e o restante melava meu corpo. Nessa hora a brincadeira terminava, pois seu pinto ficava mole e caía, ele não me deixava mais pegar. O que eu mais gostava mesmo era quando o sentia roçando em mim, pois quando era na boca, dava ânsia de vômito e eu me engasgava às vezes.

Minha mãe nunca se incomodou com o fato de ficarmos sozinhos no banheiro, mas quando estávamos os três e o pinto do papai crescia, ela disfarçava e mandava que eu saísse logo do chuveiro. Eu me revoltava e não queria obedecer, ficava emburrada num canto, chorando. Desde então, ela parou de tomar banhos conosco. Assim, após o banho, papai foi obrigado também a me secar com a toalha e a vestir minhas roupas.

Entretanto, ele sempre me dizia que aquilo que fazíamos durante os banhos não deveria ser contado à mamãe, pois ela ficaria muito brava comigo. E dizia que, caso mamãe soubesse, ele não me levaria mais para passear de carro, não me daria mais brinquedos e iria me proibir de brincar com minha prima ou com as minhas amigas.

Um dia, ele me deu uma boneca linda, a mais bonita de todas, a que falava "mamãe", a que ninguém da creche conhecia. Todas as meninas queriam pegá-la no colo e eu chorei de felicidade, emocionada com o presente. Ela era minha. Ganhei do papai, meu melhor amigo. Eu o amava muito e era muito feliz, então eu passei a fazer tudo que ele pedia. Era um acordo e segredo nosso, eu apenas tinha que fazer o que ele queria no banheiro, à noite, ao assistirmos programas e filmes na TV e em nossos passeios de carro. Mas eu não podia contar o que acontecia para ninguém.

À noite, costumávamos nos sentar em frente à televisão para ver novelas e desenhos e, às vezes, papai colocava filmes que mostravam outras pessoas fazendo o que ele fazia com a mamãe na cama. Então, ele mandava eu deitar com a cabeça entre suas pernas, alisava meus cabelos e, quando apertava levemente as mãos, eu sentia seu pinto crescendo e saindo para fora do pijama. Era o momento em que eu devia pegá-lo e chupá-lo do jeito que os atores faziam no filme enquanto suas mãos acariciavam meu corpo, era muito gostoso. Muitas vezes, eu dormia com as mãos segurando nele. Mamãe nunca estava junto, pois papai esperava que ela fosse para o quarto dormir, e acho que ela não se importava de ir sozinha, pois deixava que eu ficasse até tarde com ele. Eu tinha, então, em torno de cinco anos de idade, mas ainda me lembro de quase tudo como se fosse hoje. Eram momentos tão felizes que, ao tê-los quase todos os dias, ficaram gravados em minha memória.

Ele também sempre me levava para suas pescarias com os amigos. Durante o trajeto de ida e volta, ele abria sua calça e pedia que eu brincasse com o pinto, que o massageasse devagar para cima e para baixo e, depois, que o usasse como chupeta enquanto o carro andava devagarinho. Na volta para casa, com cheiro forte pelas bebidas com os amigos, ele ficava mais animado e, então, me pegava pelos cabelos e me obrigava a chupá-lo até que o "leite branco" que melava tudo saísse. No porta luvas do carro, sempre havia um monte de lenços de papel que ele usava para fazer a limpeza daquilo que grudava em nós e sujava o carro antes de chegar em casa, para que mamãe não percebesse nada.

Toda vez que voltávamos para casa, os dois se desentendiam por causa dos peixes que ele trazia, porque a quantidade era grande e eles não cabiam no freezer da geladeira. Mamãe, então, fazia a limpeza de todos eles, temperava alguns e congelava os demais. Durante a semana, a casa ficava infestada pelo cheiro de peixe, mas papai os preparava de uma maneira especial que os deixava deliciosos.

Seu colo era meu refúgio diário, sempre que chegava do trabalho ele costumava fazer um movimento com a mão, batendo em sua perna para que eu sentasse. Eu saía correndo para seus braços. Ao sentar, já procurava a posição que me deixava com as pernas abertas enquanto ele balançava a dele numa só, me embalando para cima e para baixo como se fosse um cavalinho. Em seguida, subia para seus ombros e enlaçava as pernas no seu pescoço, me agarrando na sua cabeça, e ficávamos dando voltas na sala enquanto papai sacudia o corpo. Eu sentia um "frio na barriga" de tanto prazer e alegria.

Estávamos sempre juntos em todos os lugares, seja na casa dos parentes ou amigos que ele visitava. Eu amava sua companhia e, quando ele saía sem me levar, eu chorava muito, fazia um escândalo, mamãe era obrigada a ligar para ele e fazer com que voltasse antes de chegar ao destino. Também me entristecia quando não ganhava algum brinquedo ao atender suas vontades, mas o que mais me afetava eram suas repreensões em voz alta, puxões de orelha e ameaças de surra com o chinelo, apesar de nunca ter batido em mim. Parecia que o mundo ia desabar de tanto que eu chorava e, nessas horas, mamãe intervinha em meu socorro com um copo d'água com açúcar pelos soluços que não paravam. Os gritos de "não faça isso" de minha mãe não refletiam tanto em mim quanto as censuras de papai, quaisquer que fossem. É claro que, algumas vezes, eu fingia e encenava muito mais do que o necessário para chamar a atenção deles.

Eu sempre fui muito brava, agressiva e por qualquer coisa explodia. Não respeitava minha mãe, às vezes investia contra ela aos gritos e, num ataque de fúria, a mordia quando ela ou minha tia escondiam minha chupeta. Eu pegava e jogava o que tivesse na minha frente, esperneava, derrubava cadeiras e objetos próximos, ficava chorando quase o dia inteiro, até que papai voltava. Com ele era diferente, pois nunca fazia algo que me contrariasse, ele apenas me acalmava e seu colo era minha alegria.

Minha prima Ariane, que morava noutra casa nos fundos do mesmo pátio, era quase do mesmo tamanho que eu e nós nos divertíamos com os cães, as bonecas, pintando ou desenhando nos fins de semana. Certas vezes, quando a mãe não estava, papai participava das brincadeiras, mas somente para fazer aquela que ele mais gostava, que era "brincar de médico". Ele nos levava para o quarto dele, o hospital, e alguém fazia o papel de doente, deitando-se na cama e deixando os outros o examinarem. Cada um tinha a sua vez, e quando ele fazia o papel de médico, tínhamos que deitar e deixar que examinasse cada lugar "dolorido". Tocava em nosso corpo dos pés à cabeça, batendo levemente com os dedos na posição de bruços e, depois, pela frente, demorando-se mais no meio das pernas, o local que a gente mais gostava.

Lembro que era uma das brincadeiras que eu mais gostava devido ao prazer que sentia, mas eu preferia que fosse somente eu, papai e mais ninguém. Ao ser o doente, papai ficava pouco tempo de bruços, pois dizia que aquela parte dele que eu sempre pegava estava doendo e precisava de massagem. Ariane ria muito ao ver sua calça aumentando, mas eu não a deixava fazer massagem nele.

– Do que você tá rindo? – eu perguntava.

– Não sei, é engraçado. Tem alguma coisa ali...o que será? – e continuava rindo.

Uma vez, convencidas por papai, nós duas aplicamos a massagem juntas com seu pinto para fora da calça e acabou sendo mais divertido, eu não me importei. Na maioria das vezes, ele deixava essa parte da brincadeira para o final, pois era o momento em que ele inventava uma desculpa e corria para o banheiro, desistindo do jogo. Quando meu primo gazeava a aula, também fazia parte da brincadeira e, assim como nós, recebia carinhos de papai. Porém, eu sempre ficava contrariada, pois ele também tinha "pinto" que crescia e eu não.

Muitas vezes, eles ficavam sozinhos no quarto e, um dia, eu vi os dois sem roupas, brincando de chupar e roçar um no pinto do outro. Eu senti muita inveja... ele também o levava para passear de carro e ouvi muitas vezes meu primo chamá-lo de "papai". Isso me deixava mais irritada ainda.

Certa vez, em nossas brincadeiras, investi com fúria contra ele e, com a mão levantada, gritei:

– Ele não é teu pai, guri, é meu pai!

O ódio do primo foi desumano, senti meu coração disparar e continuei:

– Sai daqui, seu chato! Não fala mais isso!

Porém, papai interveio, segurando minha mão:

– Não fale assim com ele, Anni! – e passou a mão em sua cabeça. Saí correndo e me fechei no quarto, esperando a oportunidade para revidar.

Era comum que eu socasse meus primos e puxasse seus cabelos quando papai não estava por perto, a fim de expulsá-los. Depois que acabávamos de brincar, gostava de bater, beliscar e arranhar com as unhas. Às vezes eles revidavam e a gente se agarrava e rolava no chão, mas tudo era esquecido e eu sempre me arrependia. Muitas coisas que eles não sabiam eu ensinava, e uma delas era beijar. Eu gostava muito de beijar na boca e de ver os outros se beijando.

Ao assistir novelas e filmes à noite com meu pai, eu sempre prestava atenção nos casais se beijando de pé ou na cama e aquelas imagens me causavam prazer, pois ao mesmo tempo em que as olhava, sentia o toque de suas mãos por baixo de minhas calcinhas e era muito bom. Então, eu ensinava meus primos a se beijarem apenas para ficar observando os dois agarradinhos num "selinho" demorado. Os amiguinhos da creche também aprenderam e a gente se beijava escondido ou quando não havia ninguém cuidando. Muitas vezes, fui repreendida pelas "tias" por estar brincando desta forma e ficava com medo, pois elas diziam que iriam contar para minha mãe.

Eu amava meu pai e não admitia perdê-lo nem mesmo para mamãe. Nada era mais precioso, ele era minha atração e desejo, eu fazia de tudo para obter seu carinho e proteção. Ao contrário de mamãe, que era mais severa e exigente, reclamava quando eu colocava a mão em meu "pinto", me punia por não a obedecer e por mexer em suas coisas. Isso me distanciava dela, pois eu achava que ela não gostava de mim.

Eu tinha um certo apego por papai, quando ele chegava em casa eu grudava nele e sentia ciúmes quando mamãe chegava perto ou quando o tocava. Era como algo que me pertencia, eu até tinha medo quando ele saía sozinho e ficava ansiosa, achando que ele não ia mais voltar. Meu coração acelerava, eu tinha falta de ar e ficava apavorada. Essa crise me acompanhou durante toda minha adolescência, sempre em situações que envolviam a perda de algo ou alguém de que gostava.

Lembro-me de que, perto do meu aniversário de quatro anos, meus pais me colocaram numa creche no período da tarde, a fim de que mamãe pudesse trabalhar fora e ajudar no orçamento familiar. A princípio, saber que iria ficar longe de casa e de papai me deixou aflita e amedrontada.

Ganhei uma lancheira cor de rosa e um par de tênis da mesma cor e isso me encheu de alegria, pois adorava ganhar presentes. Quando chegamos na creche, porém, senti meu coração disparar ao ser entregue à professora, recuei e corri aos prantos. À beira de mais uma crise, porém, ela me encorajou a ficar:

– Olha só, Anni, quantas amiguinhas você vai ter! Logo, mamãe estará de volta para te buscar e, até lá, você pode brincar e aprender um monte de coisas com elas!

Suas palavras me animaram e fui cedendo aos poucos, ficando menos agitada. Era um novo ambiente com pessoas diferentes, crianças com seus pais chegavam de todos os lugares e se aglomeravam na frente da escola.

Depois de um tempo que parecia não ter fim, fomos conduzidos à um local num pátio coberto e os professores formaram filas, separando as crianças que ficariam com eles. Em seguida, fomos conduzidos à sala de aula cheia de jogos e brinquedos, com mesas e cadeiras baixinhas como nós. Minha mãe observava de longe e eu me sentia protegida ao pensar que ela ficaria ali me esperando.

Passados poucos meses de creche, eu já conhecia todos os novos coleguinhas e interagia facilmente com eles. Foi então que comecei a me aproximar mais dos meninos, pois sentia muita atração por eles e, quando menos esperavam, eu os beijava na boca. Às vezes, acontecia de ficar a sós com eles na sala no fim do dia, aguardando a vinda de nossos pais, e então ficávamos brincando de pegar, de esconde-esconde, correndo pela sala.

Certo dia, quando estava sozinha com um deles, fechei a porta da sala com a chave para que ele não saísse e comecei a beijá-lo na boca e a pegar no seu pinto. Insisti que ele abaixasse a calça, pois desejava muito chupá-lo como sempre fazia com papai e ainda não tinha experimentado com um coleguinha, mas ele não aceitou e começou a chorar e gritar ao ver que não conseguia abrir a porta. Ainda bem que ele não fez queixa para a "tia" sobre o que tinha acontecido, mas também nunca mais chegou perto de mim. Outras tentativas, porém, foram aceitas por outros meninos, e descobri que uma ou outra amiga gostava de beijar, roçar e esfregar. Era um vício que estava sempre presente porque era muito bom...

Todos os dias éramos levados para brincar no pátio, onde havia diversos tipos de brinquedos coloridos iguais aos que se via nas praças da cidade, tais como balanços, escorregadores, casa de bonecas em miniatura e túneis de canos grandes. Havia também muitos tanques de areia, onde fazíamos castelos e imitávamos sítios com os bichinhos de plástico que trazíamos de casa. Mas o que mais me interessava era brincar na casinha de bonecas.

Eu e dois amiguinhos, a Mari e o Peter, íamos para lá assim que as "tias" nos deixavam sozinhos e, então, brincávamos de "papai e mamãe", que era basicamente imitar tudo que acontecia quando nossos pais "namoravam". Nós fazíamos comidinhas de mentira e, depois do "almoço", deitávamos para descansar e beijávamos na boca e fazíamos o pinto do Peter de chupeta, uma de cada vez, enquanto ele "dormia". Mas nem sempre a brincadeira dava certo, pois as outras crianças também queriam entrar e brincar na casinha com suas bonecas.

Certo dia, uma delas chamou uma "tia" para ver o que estávamos fazendo e tudo deu errado. Além de fecharem a casinha com pregos para que ninguém mais a usasse, nós ficamos de castigo e passamos a ser vigiados por uma auxiliar. Porém, na hora da "sesta", quando todos deitavam em seus colchonetes para dormir e as cuidadoras saíam para conversar na mesa grande, a gente aproveitava para se beijar, pegar no pinto de Peter e subir um no outro de "cavalinho". Era tudo muito gostoso, pena que o tempo da sesta era pouco...

SEGUNDA PARTE

Inibição dos Instintos Sexuais

O tempo de creche teve seu fim e, no ano seguinte, passei a frequentar uma escola pública, onde passaria a estudar e aprender. Os acontecimentos até então vividos foram como papéis escritos e colocados numa gaveta, mas era como se o desejo e o prazer estivessem grifados no texto e em letra maiúscula, esperando para aflorar a qualquer momento.

Aprendi a ler e a escrever, passei a conhecer aqueles sinais que formavam o meu nome, os números para somar e contar. Foi um tempo longo em que a professora não se cansava de ir de carteira em carteira, pacientemente, ensinando cada um a conhecer todas as letras do alfabeto, uma por uma e depois em sílabas... havia letras e números coloridos fixados nas paredes, dependurados num varal e em todos os tamanhos e cores. Por fim, já perto do fim do ano letivo, já sabia escrever meu nome, esboçar algumas palavras, fazer contas de somar, diminuir e entender o mapa de minha cidade! E quantas ruas, bairros e praças eu passei a conhecer. Antes, eu me lembrava apenas da praia que meus pais frequentavam no verão.

Eu estava maravilhada, completamente envolvida por tudo: professores, sala de aula, colegas de turma, livros, lápis, cadernos... Queria aprender, conhecer mais e sempre esperava ansiosa pelo dia de voltar à escola.

Mesmo com todas essas coisas acontecendo, papai nunca me deixou esquecer de nossos segredos e continuou me levando para pescar em seu carro nos fins de semana.

Os professores falavam muito sobre comportamento, disciplina e educação. Havia muitas regras, tudo seguia uma ordem, tínhamos horários para cada atividade e aprendíamos sobre o temor à Deus, a religião, a punição e o castigo. Quase tudo era proibido e eles convidavam nossos pais para virem à escola todos os meses para relatar o que fazíamos de certo e errado. Apenas os horário do recreio e da merenda eram mais livres e eles pouco sabiam sobre o que se passava entre nós; ali, rolava a alegria, o medo, a raiva, o beijo, os abraços e eu até aprendia algumas palavras novas que eram ditas apenas entre nós.

Descobri, por exemplo, que "pinto" tinha outros nomes, que eles eram diferentes para os meninos e meninas, que alguns eram considerados palavrão e outros eram ensinados pelos professores na aula de orientação sexual. Parece que as crianças esperavam pelo momento do intervalo entre as aulas para falar "nomes feios", gritar, chorar, namorar, brincar, brigar ou apenas ficar em silêncio, comendo suas merendas nos degraus das escadas. Eu nunca perdia a oportunidade de encostar em alguém ou de me masturbar no banheiro.

Foi nessa ocasião que as dúvidas e indagações começaram a surgir em meu interior, a maior delas sobre meu pai. Ouvia os professores falarem sobre casamento, educação dos filhos, e algo para mim não soou bem... ao ouvir conversas de adultos, descobri que papai é marido de mamãe. Como poderia, então, ser meu namorado como nos meus sonhos? E parece que aqueles carinhos que a gente fazia eram proibidos, pois a professora falou para termos cuidado com as partes íntimas! Já eram nove anos de tanta intimidade, e passei a entender por que então ele nunca falou para mamãe e por que me proibia de falar.

Tudo era tão belo entre nós dois e, de repente, ficou estranho. Mas o desejo estava em mim... e o que mais me atormentava era saber que poderia perdê-lo e que não sentiria mais seu toque, suas carícias.

O problema é que, ao saber que era algo proibido, passei a me sentir culpada, envergonhada e a ver minha mãe com outros olhos. Por que isso aconteceu comigo? Como as pessoas reagiriam se soubessem? Eu colaborei, eu permiti. Se eu falasse para a minha mãe, será que ela acreditaria em mim? Mas eu o via todos os dias, ele estava ali na minha frente, era meu pai e morava comigo na mesma casa, me beijava todos os dias de manhã antes de sair para trabalhar, secava meus cabelos... ele arrepiava todo meu corpo ao tocá-lo com suas mãos, meu coração pulsava e parecia que ia explodir de paixão. Eu o amava demais. Ele me protegia e fazia tudo por mim, como poderia trai-lo?

Na escola, os professores sempre entregavam questionários sobre assuntos referentes à nossa vida familiar, como bens materiais, doenças e os salários que meus pais recebiam, mas nunca perguntavam sobre os problemas que alguns de nós poderíamos estar enfrentando. Isso acontecia somente quando havia algum caso de briga, roubo ou agressão aos professores. Eu até cheguei a me informar na internet da escola e obtive conhecimento sobre o Conselho Tutelar, que protege crianças e adolescentes, mas não tive coragem de denunciar o que a professora falou sobre "tocar nas partes íntimas". Se meus colegas ficassem sabendo, eu iria passar vergonha e seria motivo de bullying.

Por tudo isso, as lembranças da infância passaram a ser doloridas quando envolviam meu pai.

Eu amava dançar e fazer apresentações de dança, homenagens em datas comemorativas e o que mais tivesse na escola. Meu pai sempre estava lá, eu sempre procurava por ele e ele sempre aparecia, orgulhoso de mim. Eu era a mais feliz por isso. Ficava triste por minha mãe não comparecer, mas sabia que meu pai sempre estaria presente. Ao lembrar disso, me sentia como uma criança indefesa, chorona, querendo ser consolada de alguma forma.

O tempo passou e continuei amando meu pai, mas não aceito mais a pessoa que ele sempre foi. Agora, entendo que eu não tinha maturidade suficiente para enxergar o quanto a minha mãe se esforçava por nós, e dói sentir isso sem saber identificar nada. Essas reflexões vieram à tona de repente e me tiraram o sono.

Hoje, por tudo que passei, tenho dificuldade em me relacionar com as pessoas, principalmente homens, porque espero que eles sejam carinhosos, presentes e sintam orgulho de mim como meu pai sentia.

Contudo, esse desejo que ardia em mim, estimulado e criado desde criança, aos poucos foi mudando e eu fui me distanciando dele. Meu olhar passou a se voltar para meu grupo na escola, especialmente para os meninos... sim, havia a vontade enorme de estudar, de aprender e tirar boas notas sem nunca ter sido reprovada, mas, ao mesmo tempo, eu passei a ser popular por atrair a atenção, pois gostava muito de beijá-los e abraçá-los. Eu estava completamente inserida no meio e era um destaque em qualquer grupo, dançando ou praticando esportes. Adorava dançar para estar perto deles, pois podia tocá-los, mostrar meu corpo e me destacar em tudo que houvesse aproximação.

O problema é que, ao me comparar com as novas amigas, percebi que muitas coisas me diferenciavam delas, como o fato de que eu urinava na cama quase todas as noites e colocava chupeta na boca para conseguir dormir. Essas coisas só deixaram de acontecer perto dos meus doze anos de idade.

A chupeta furadinha na ponta era a que eu mais gostava e, quando ela sumia, eu armava o maior barraco em casa, chorando e gritando até que ela aparecesse.

Também não conseguia ter controle da bexiga, amanhecia toda molhada de urina mesmo já sendo quase uma adolescente e não suportava mais as ameaças e cobranças em casa, a proibição de beber líquidos antes de dormir. Além do trabalho que dei à minha mãe na troca diária de lençóis, ela teve que comprar um colchão reserva para usar enquanto o outro ficava secando no sol. Porém, em dias de chuva, eu usava fraldas ou acabava dormindo no chão, pois o colchão não secava a tempo. Eu passei vergonha ao saber que isso só acontecia comigo e, se minha mãe não verificasse todos dias, eu poderia sair de casa com mau cheiro, pois acabei me acostumando com ele. O médico perguntou se eu me masturbava...

No ano seguinte, a novidade da primeira menstruação também teve que ser acompanhada por ela, principalmente pela dor e o desespero que senti ao ver os absorventes sujos de sangue durante quase uma semana. Mas minha mãe era muito cuidadosa e a limpeza era sua especialidade, então ela me ensinou a colocá-los e descartá-los enrolados noutro papel, de forma que sua cor não fosse percebida.

A partir dessa mudança, meu corpo começou a ganhar formas mais acentuadas e eu passei a odiar os pelos que nasciam nele, além de estranhar o fato de que apenas os seios não cresciam. Tudo ficava mais insuportável a cada mês: eu tinha uma dor de cabeça inesperada que minha mãe chamava de tensão pré-menstrual e ela vinha acompanhada de uma raiva que mudava meu humor drasticamente.

Como se não bastasse, após findar o ciclo menstrual, uma euforia estranha tomava conta de mim, uma sensibilidade erótica que me impulsionava a buscar satisfação, a mesma proporcionada pelo meu pai durante a infância e que, somente depois, descobri ser sexual. Nessas ocasiões, eu ignorava as proibições e o provocava, me aproximando perfumada e atraente, e ele retribuía de imediato com seus carinhos de sempre, beijando minha boca e satisfazendo aquela vontade luxuriante de sentir prazer.

Meu desejo pelos meninos aumentava cada vez mais e eu ansiava por encontrar alguém que pudesse satisfazer minha vontade de iniciar, de imediato, a vida sexual.

Minha amiga Julia, apesar de ter quase a mesma idade que eu, era mais experiente e dotada de um conhecimento fora do comum, chegando a ser apelidada de "nerd" pelo nosso grupo de amigos. Por isso, eu confiava nela e a ouvia como confidente. Com ela, aprendi que nosso corpo tinha outros prazeres além do clitóris e que o sexo não era apenas beijar, masturbar e esfregar o corpo um no outro. Ela já tinha sido iniciada pelo namorado e me contou sobre sua primeira vez:

– Transamos sozinhos em casa, apesar do medo que tive.

– Mas como você fez para ficar sozinha com ele? – perguntei com cara de ingênua.

– A gente já tinha programado nosso encontro para um dia em que todos saíssem de casa, para ser mais tranquilo. Então, coincidiu que ele estava livre na hora que mandei uma mensagem. Eu estava meio nervosa, mas a paciência dele me deixou relaxada e, logo depois da dorzinha inicial, foi muito prazeroso e "marcou" muito.

– Mas não teve nada de picante para acompanhar? Pareceu meio sem graça. – zombei.

– Não, porque ele estava na rua a serviço e iria voltar para a empresa. Mas depois desse dia, é uma tal de "fome" que não para mais, há-há-há!

– Poxa, você poderia me emprestar ele, não é? – falei rindo, maliciosa. De repente, me deu um estalo e pensei em transar com meu pai, pois me lembrei de uma vez em que ele havia tentado. Tive muitos sonhos (e ainda tenho) em que eu fazia sexo com ele...

No início do ano, formou-se um grupo de amigos do ano anterior, do qual eu já fazia parte. Havia segredos nele que me deixavam curiosa e que, aos poucos, foram sendo revelados, tudo dependia da confiança que cada um demonstrava. Em seguida, acabei me envolvendo com um deles. Como era popular na escola e muito disputada, acabei ficando com o líder do grupo, o Roger, que era o mais bonito. Ele tinha um olhar triste, parecia que algo não ia bem com ele, mas era o cara que fazia questão de pagar nossa despesa na lanchonete, usava roupas de "marca" e seu irmão, que parecia ser mais velho, costumava vir buscá-lo na saída das aulas com um carro considerado por todos da escola pública como de "luxo".

Alguns dos segredos que, de vez em quando, surgiam no nosso grupo do Orkut, eram sobre uma tal de "bala" – esse assunto costumava surgir perto de algum dos eventos festivos que sempre aconteciam na casa do Roger – e sobre algo que chamavam de "baseado". Como ele nunca me convidava para participar das festas, eu tentava descobrir o que eram essas coisas, mas acho que havia o receio de que eu espalhasse para a escola que eles usavam drogas:

– Um dia, você vai saber!

– Ah, que isso cara, porque tanto segredo, todo mundo sabe... Amanhã descubro no Google, seu otário! Há-há-há.

– Fala sério, você já conhece, tá é louquinha para experimentar!

– Deus me livre, mas quem me dera! – respondi.

Eu já estava com quinze anos, meus seios não eram grandes como os das minhas amigas e isso me incomodava, pois observava que os meninos olhavam com mais interesse para aquelas que tinham um corpo mais empinado e atraente.

– Julia você acha que eles são pequenos? – perguntei a ela.

– Veja, os meus são grandes, mas a ponta é pequena. Uma coisa compensa a outra e, além do mais, quanto maior é, mais flácido e pesado vai ficar – ela falou e deu uma gargalhada. – Eu não me importaria com isso se fosse você. Sabe a minha amiga Carol, que às vezes vem aqui? Ela colocou silicone, você pode fazer igual! Mas ela teve que esperar até os dezoito anos, pois, segundo o médico, é a idade em que o corpo cessa seu desenvolvimento.

– Poxa, que ruim, vou ter que esperar mais três anos... mas obrigada pela dica, vou pensar nisso!

Julia aproveitou o momento da conversa e me confidenciou alguns problemas que a Carol estava vivendo:

– Anni, a Carol precisa de nosso apoio, a coisa desabou para o lado dela. Olha só: ela namorou um guri durante três anos e, numa bobeira, deixou de ser virgem. Logo depois disso, ele meteu um "galho" nela e transsou com outra menor de idade, que acabou engravidando. Além de tudo isso, passou uma DST para ela.

– Nossa, Julia! Que barra! E o que seria essa DST?

– Doença transmitida no contato sexual...é muito dolorida e horrível! Agora, ela tá ferrada, porque o médico a diagnosticou como HPV crônico e ela acha que será complicado ter outros relacionamentos. Mas não parou por aí, tem mais coisa! Antes de começar o namoro com esse cara, ela teve uma amiga de quem gostava muito, mas não deu certo porque a guria se mudou para outro estado.

– Então ela é bissexual?

– Ela não parece ser bi, acho que gosta de mulher mesmo, mas sempre ocultou isso da família. Seu olhar foi sempre para as meninas e ela se sentia mais à vontade assim, e agora, depois de ser humilhada e traída, decidiu excluir os homens de seus relacionamentos. O problema é que a mãe dela é ministra na igreja e trabalha com as famílias pela união heterossexual! Imagina se o povo da igreja souber que ela é gay!

– Meu Deus, Julia! Como a Carol vai resolver isso? A propósito, eu soube de uma amiga que nunca havia sentido prazer com homens até conhecer uma guria, que a fez ter um orgasmo. Depois disso, acho que ela decidiu ficar só com meninas Eu mesmo tenho sofrido assédio feminino e até tive alguns casos de boa, mas gosto mesmo é de pinto! Há-há. Mas sem brincadeira, precisamos nos unir para ajudar a Carol. Vai depender muito dela, não é?

– Sim, Anni, vai ser mais difícil lidar com a doença crônica, a família e a baixa autoestima, mas vamos tentar encontrar uma solução.

Fomos na casa da Carol e seu estado era desolador. Julia, então, indicou para ela uma pessoa que prestava ajuda gratuita e a psicoterapia fez com que ela melhorasse bastante. E eu com meu "probleminha" de prótese de mamas... Aff!

Conversei com meus pais sobre minha decisão e, a princípio, eles ficaram apreensivos, tentaram me convencer de que era um risco desnecessário. Porém, depois de tanto insistir, eles concordaram e ficou combinado que guardariam o dinheiro até eu completar a idade exigida. Eles acharam que eu mudaria de ideia, mas fiquei feliz e não via a hora de dar um "UP" na minha estética.

Dias depois, falei para a Julia sobre esse resultado e quis justificar minha escolha, dizendo que a adolescência é uma fase em que não temos medida para nada, que não pensamos duas vezes ao escolher as coisas, seguimos nosso impulso sem saber como serão as consequências e não estamos nem aí para elas. Também disse que essas aventuras são uma forma de corrermos riscos, de nos atirarmos de cabeça sem ouvir os conselhos daqueles que passaram por essa fase. Ela respondeu de forma inspirada:

– É que só o discurso deles não resolve, Anni. Daí a decadência do ensino, não somos bancos de dados acessíveis a qualquer momento. A "decoreba" não serve mais, nunca serviu. Ela existia para nos deixar alienados, sem criticidade e, por isso, éramos facilmente conduzidos como uma boiada que segue sem saber para onde vai. Aprender é viver, é ser o protagonista da história, é escolher pelo autoconhecimento. Hoje, saímos da escola "emburrecidos", saturados de conteúdos vazios, não sabemos nem interpretar um texto! Não é à toa que, em Portugal, os pais aceitaram uma modalidade diferente de educação numa instituição chamada "Escola da Ponte", em que os alunos são protagonistas na gestão da escola e os professores existem apenas como mediadores, acompanhando seu progresso. Temos que descobrir sozinhos que o fogo queima se botarmos a mão nele, que a parede é dura e dói se batermos a cabeça nela.

Ela parou por um momento, suspirou e continuou sua fala:

– Os jovens precisam assumir seu papel a partir de uma nova mentalidade menos ideológica e mais humana, com foco na ecologia e no futuro do planeta. Em nosso país, vemos uma floresta sendo devastada em benefício de uma minoria que enriquece às custas do ouro e da madeira. Isso já acontece há quinhentos anos e o "pulmão do mundo", cada vez mais, está se transformando numa serra pelada, sem árvores e sem os indígenas que habitavam seu interior. Até quando vai perdurar esse mito de que fomos colonizados por ladrões e, por isso, tenderemos sempre a seguir o mesmo caminho?

Naquele dia, Julia estava tão revoltada que, de uma prótese mamária, descambou-se a discussão filosófica. Mas ela estava cheia de razão no fim das contas.

TERCEIRA PARTE

Iniciação Sexual Deflorada

Numa tarde qualquer, Roger foi para a escola com o carro do seu irmão. Era justamente o momento em que meu ciclo menstrual havia acabado e, como sempre, o desejo sexual alterava meu comportamento. Ele me convidou para passear e gazear a aula.

– Sextou, Anni! Que tal uma voltinha? – falou, apontando para o seu "carrão".

Os automóveis sempre me causaram admiração e faziam parte de meu desejo de consumo, apesar de eu não saber dirigir. Aquela sedutora cor vermelha recém polida, as rodas de magnésio brilhantes envolvidas pela banda larga dos pneus, seu interior forrado com bancos de couro, Roger com uma camiseta que evidenciava seus músculos... Tudo me excitava muito e não relutei em entrar. Os anunciantes de carros e bebidas têm razão de associar suas mensagens a sexo, elas realmente funcionam. Sorrindo de alegria respondi:

– Sim, vamos!

O uniforme exigido pela escola era blusa branca e uma saia azul marinho, que deixava minhas pernas à mostra no assento do veículo. Ao entrar, Roger deu a partida e imediatamente deslizou sua mão macia sobre elas enquanto beijava meus lábios. Para mim, o beijo de língua sempre teve um sentido erótico, pois é como uma descarga elétrica que atinge meu clitóris e me deixa "molhadinha".

Eu senti que o momento de entrega tão esperado estava próximo, mas o trajeto que fazíamos de carro era meio desconhecido por mim e quis saber para onde estávamos indo:

– Para onde você tá me levando? Vai me sequestrar? – falei brincando.

– Tem um lugarzinho bem arborizado mais adiante, onde ninguém incomoda...

– Mas já estamos longe e, se demorarmos muito, vão vir atrás da gente... – ele me olhou, fez uma careta e rimos juntos, pois ninguém tinha nos visto saindo da escola. Andamos mais um pouco e ele reduziu a velocidade.

– Olha só, é tranquilo e longe da escola, podemos vir sempre aqui.

– Cara, mas é um matagal! – falei e caí na risada.

Roger parou o carro e retornou às suas carícias, mas agora um pouco mais rápido, parecia estar com pressa. Por um segundo, a imagem do meu pai passou pela minha cabeça e me lembrei de quando passeávamos de carro e trocávamos carícias deliciosas.

Decidi me entregar àquele desejo como nunca havia feito antes, mas meu parceiro estava estranho, tinha pressa e, a todo momento, mexia no celular. A princípio, não me importei com isso, pois já não aguentava mais esperar "minha primeira vez".

Tomei a iniciativa, baixei o encosto do banco do carro e, já seminua, excitada e fogosa, retirei a calcinha e me posicionei por cima dele. Meio sem jeito, tentava me afastar do volante para me encaixar no pequeno espaço entre a porta e o câmbio, o freio de mão roçava em meu joelho. De repente, senti seu pênis deslizando e me penetrando com violência, como se me rasgasse. Senti uma dor dilacerante. Eu gritei:

– Aiiiii! Para, para! Tá doendo muito!

Ele nem ligou para mim e continuou.

– Para! Me deixa sair daqui!

Foi horrível. Eu me contorci de dor e fiquei assustada ao ver sangue entre minhas pernas. Roger, de celular na mão, fez uma selfie enquanto forçava mais e apertava minha cintura. Gritando, tentei fugir e o agredi com todas as minhas forças, enfiando as unhas nos seus braços e forçando-o a me soltar. No fim, o que era para ser algo inesquecível, como diziam as minhas amigas, passou a ser uma violência.

As lágrimas escorriam pelo meu rosto e minhas pernas doíam, eu quase não conseguia parar em pé depois de sair do carro. Queria continuar batendo nele e extravasar meu ódio e arrependimento, mas a ferida ardia e eu não tinha forças para mais nada. Mesmo não conseguindo sustentar aquele olhar perverso de Roger, a humilhação e vergonha, fui obrigada a pedir que ele me levasse para casa.

– Me leva daqui, seu monstro! Nunca mais quero te ver! Como tu pôde ser tão violento comigo? Seu idiota!

– Tu ainda era virgem... sinto muito, eu não sabia, todos falavam que já tinha ficado com outros caras. Você devia ter me dito, eu teria sido mais maneiro...

– Porque você fez uma selfie? Apaga isso agora! Por causa disso, acabou estragando tudo! – falei, chorando de dor e com medo de ter que falar com minha mãe sobre aquilo tudo. Talvez eu precisasse de ajuda para fazer curativos.

– Olha só o que tu me fez com essas unhas! Bem que podia ficar aqui no matagal, que é o lugar de feras!

– Seu bruto, merece uma surra dos meus amigos – ameacei.

Ao sair dali, me dei conta de que ele não tinha usado camisinha e fiquei muito preocupada.

No dia seguinte, soube que ele, aquele menino com cara de ingênuo que eu tanto admirava, fez circular a selfie entre o seu grupo de amigos, a fim de mostrar o que, para ele, era apenas o objetivo de uma disputa: ficar com todas as meninas da escola. Beijar era medalha de bronze, transar era de prata e tirar a virgindade era medalha de ouro, conforme o trato verbal firmado por eles.

– Olha só, Carlos, mais uma para a coleção, achei que já não cabia mais nada na minha estante! Não falei que seria fácil? – falou enquanto dava risadas.

– Mas parece que a gata tinha garras, olha como tá o teu braço!

– Puta merda! – ele respondeu – E ainda dói, mas isso valorizou mais minha conquista...

Esperto, Carlos imaginou que, com a foto, poderia me forçar a transar com ele, então pediu ao amigo que enviasse o "nude" via celular. Minha amiga Julia ouviu toda a conversa e me avisou sobre as intenções dele. Mal sabia eu que aquela experiência desastrosa teria outros desenlaces inesperados.

– Olá, Annialice, tudo bem? Vem aqui, quero te mostrar uma coisa interessante.

Meio desconfiada e atenta aos rumores e conversinhas às escondidas, fui até ele.

– Olha – mostrou a foto – por enquanto, apenas eu e Roger estamos sabendo, mas pode ser que toda escola veja isso, só depende de você! Imagina essa foto no Orkut!!

Olhei duas vezes e não queria acreditar que aquela era eu, seminua, numa posição comprometedora por cima de Roger! Louca de vergonha, senti o sangue subir, o chão faltou como se eu caísse num buraco profundo, o coração disparou e aquela sensação de pânico voltou; uma câimbra seguida de dor nas pernas me fez sentar no primeiro banco que encontrei. Novamente, me veio à cabeça a imagem terrível de meu pai e, então, uma escuridão repentina. Eu apaguei, não vi mais nada. Quando voltei, me vi nos braços de uma amiga que tentava me reanimar com um copo de água na mão.

Não tive mais sossego daquele dia em diante. Meus dias passaram a ser tormentosos, as noites de insônia pareciam infindáveis, perdi totalmente a vontade de estudar, fiquei com os nervos à flor da pele, ansiosa e com medo. Era como se eu fosse uma criminosa que estava sob suspeita. Os professores questionavam o que estava acontecendo com aquela menina risonha, simpática, que alegrava a todos com sua presença, participava ativamente dos eventos escolares e que, naquela semana, se recusara a fazer parte das olimpíadas escolares. Com certeza, iriam solicitar a presença de meus pais à escola.

Em casa, minha vida parecia compreender duas situações antagônicas. Minha mãe era uma mulher lutadora que, desde os dezesseis anos, trabalhava como doméstica, além de ter pouca instrução escolar. Ela representava proteção, regras, moral, dava conselhos sobre as más companhias e sobre o cuidado que eu devia ter com os homens mal intencionados.

Enquanto isso, meu pai era o oposto e, desde criança, me induziu a uma vida considerada promíscua, incestuosa, de abuso sexual e de prazer, construindo seu próprio jeito pedófilo de ser às minhas custas. Acredito que, tendo absorvido as características de ambos, acabei me tornando uma filha dependente e sem autonomia própria.

Assim, minha angústia era saber que minha mãe, ao descobrir o ocorrido, iria chorar de tristeza e decepção, pois tudo o que eu não queria era fazê-la infeliz por minha causa. Foi então que a ideia do suicídio passou a fazer parte de meus dias e eu entendi por que alguns jovens ceifam suas vidas prematuramente. Eu já tinha até guardado comigo algumas drogas que poderiam levar à morte se usadas de uma vez só. Estava tudo pronto, e eu esperaria até o momento em que não conseguisse mais suportar...

O medo de ir à escola e encontrar aquele menino perverso aumentou cada vez mais, até o dia em que, de repente, ele interceptou meu caminho no corredor. Carlos se aproximou de mim, quis me tocar e, após minha recusa, lançou seu veredito:

– Já que tu me "cancelou" e boicotou meu celular, vai ter que me encarar ao vivo. E não me venha com desculpas nem desmaios, se não vier ao meu encontro amanhã, na minha casa, vou publicar aquela foto de você no carro com o Roger!!

A essa altura, eu já me sentia um espectro ambulante, mas aquelas palavras foram um tiro à queima-roupa. Meio tonta e sufocada, senti a palpitação aumentar e o ouvi gritar do outro lado:

– Espero você amanhã, não se atrase!!

Tremendo da cabeça aos pés, segui meu caminho com o objetivo de encontrar Julia e contar tudo que eu estava passando. Quem sabe ela me abrigasse na sua casa, pois parecia melhor fugir do que encarar o olhar de minha mãe ou fazer uso do plano B.

– Olá, Anni, você sumiu! – disse Julia ao se aproximar de mim.

– Cara, você nem imagina, minha vida tá de cabeça para baixo. Lembra aquela primeira vez com teu namorado? Pois é, foi horrível comigo e, ainda por cima, estou sendo chantageada...

Contei tudo que aconteceu e comentei:

– Detesto os homens e tenho ódio deles, homem é um bicho muito escroto! Eles fazem o que querem da gente, se acham mais fortes para bater... Essa Lei Maria da Penha que inventaram agora é só para lembrar que uma mulher quase foi morta duas vezes pelo marido, porque o que se vê, na realidade, é que eles continuam impunes por aí, dando mal exemplo para os adolescentes.

– Pode ser que você tenha razão, mas agora, pelo menos, existe uma "Lei" e eles vão ter que se haver com ela. Além disso, ainda temos uma grande possibilidade pela frente, que será a luta pela nossa autonomia no mercado profissional!

– Desculpe amiga, mas por que você anda atrás dos homens? – perguntei.

– Ora, porque homem tem pinto!

Julia deu uma risada descontraída que amenizou um pouco a situação, mas eu continuei com minhas lamúrias...

– Não sei o que fazer, estou perdida se ele publicar a foto nas redes sociais! Como ficará minha imagem na escola? Como reagirão meus pais? Não posso fazer o que ele quer, será o meu fim! – e chorei, chorei descontroladamente.

– Amiga, veja bem – disse enquanto me abraçava – não adianta entrar em pânico. Você terá que enfrentar a realidade de um jeito ou de outro, e o melhor caminho é compartilhar isso com a sua mãe! Ela pode até ficar angustiada mas, se souber em primeira mão, as demais visualizações perderão sua importância, principalmente se a foto for divulgada no Orkut.

– Cara, eu to morrendo de vergonha, não posso nem olhar para as pessoas. Na foto, eu estou nua no carro, transando com o Roger! Imagina minha mãe vendo aquilo, ou a turma da escola e os professores, todos vão me condenar! A imagem que construí de aluna aplicada e estudiosa simplesmente vai sumir, pois eu serei motivo de risos e bullying. A nossa cultura é discriminatória, eu serei a vadia que dava em cima dos guris! Passarei de donzela à vilã! Não, deu para mim!

Acho que a culpa tinha mais a ver com minha mãe pelos valores morais que me ensinava, mas eu nunca dei importância.

– Bem, Anni, sem ramerrão, tu foi lá e deu para ele, ponto! Com as mulheres funciona assim, nós temos duas chances de evitar esse tipo de coisa: basta não tirar a calça e a calcinha... Agora, talvez seja melhor trocar de escola e, depois, ver o que vai sobrar para ti. Se rolou gravidez, inclusive, você tá ferrada, vai entrar para a estatística de "gravidez na adolescência", mas também não é o fim do mundo. São tantas por aí... – respondeu Julia, irritada com minha tagarelice.

"Como Julia pode ser tão cética?" pensei comigo. Na verdade, ela tinha uma postura firme e objetiva, coisa que eu invejava, e estava certa quando disse que não havia mais tempo para uma solução. Eu precisava enfrentar a situação e pagar de vez o preço pela minha escolha.

Ah, "escolha", a palavra mais repetida nos livros de filosofia da escola. Segundo eles, nossas escolhas podem nos trazer consequências benévolas ou nefastas, ponto. É cruel mas é verdade, a vida continua tanto no erro quanto no acerto.

Acabei me sentindo mais aliviada depois da conversa com Julia e decidi que o melhor caminho era contar para minha mãe, pois, assim, poderia me livrar da sentença imposta pelo amigo de Roger. O problema seria ficar escondida dentro do meu quarto por tempo indeterminado.

Voltei para casa disposta a revelar o meu sofrimento à minha mãe. Meu cachorro Poly estava me esperando no portão, ele era meu companheiro e nunca me julgaria. Balançou o rabo alegre, latiu ao me ver e, como se soubesse de minha tristeza, levantou as patinhas e as colocou em minhas pernas, lambendo minhas mãos. Parece que os animais acabam adaptando seu instinto ao nosso jeito de ser, aprendendo a reagir de acordo com o tratamento que damos a eles. O mais provável é que os adotamos para preencher algum vazio que há em nós, mas não podemos nos esquecer de que eles também sentem a nossa falta e sofrem quando estamos distantes. Sempre tive a necessidade de tê-los junto a mim, principalmente agora.

Fui para o meu quarto, não havia ninguém em casa. Suspirei e pensei "ah, quem dera eu não precisasse dar satisfações a ninguém e fosse livre, sozinha. Não teria que passar por isso". Recostei na cabeceira da cama e comecei a pensar no que diria a eles: "Mãe, gazeei a aula e fui transar com um amigo da escola. Ele me estuprou, fotografou a cena e deu a foto ao seu amigo que, agora, também quer transar comigo. Se eu não aceitar, ele disse que vai postar a foto nas redes sociais!"

Seria assim, objetiva e direta, ou faria uma cena de choro e desespero, "a coitadinha que foi enganada por um menino esperto, perverso, mas que tem charme e um carrão que usa para conquistar as garotas da escola". Fiquei com a segunda opção por achar que mamãe teria pena de mim e me perdoaria. Afinal, foi sofrido mesmo e meu erro foi a maldita impulsividade.

Ali, deitada na cama, fiquei imaginando tudo, não percebi o tempo passar e acabei dormindo. Acordei com o latido de Poly anunciando a chegada de alguém. Era mamãe. Pedi que viesse ao meu quarto.

Fui direto ao ponto, mas escolhi outro caminho:

– Mãe, fui estuprada e violentada! – e comecei a chorar.

Pega de surpresa, ela se desesperou:

– Como foi isso? Você está bem, menina? Vamos ao médico e à polícia dar queixa, quero saber na escola como isso pôde acontecer!

A solução de minha mãe daria outro rumo à questão e eu não havia pensado nessa possibilidade. Estupro é crime e o caso teria que ser investigado, um processo seria aberto e ela, como mãe, iria defender minha honra, principalmente por eu ser menor de idade. Sua atitude estava correta, claro, mas eu seria mais exposta ainda à comunidade, como vadia ou vítima; com a divulgação da foto eu seria vadia e com um processo judicial (dependendo do resultado) eu seria uma vítima. O problema é que, no fundo, eu sabia que poderia ter negado o convite de Roger, mas não o fiz.

– Não, mãe, deixa assim, imagina a repercussão que isso vai ter...

– Mas, Anni, e se você ficar grávida? Este mal elemento vai ter que se responsabilizar!

Rapidamente, lembrei que seu rosto não tinha se contorcido como meu pai fazia ao gozar em mim e respondi:

– Isso pode não ter acontecido, foi muito rápido e acho que consegui sair antes que ele tivesse tempo para alguma coisa.

– Mas como você pode saber disso? Ele pelo menos estava de camisinha?

– Não, acho que não...

– Mas como tu aceitou isso, menina?! Falei tantas vezes para você se cuidar!

– Mãe, já foi, não tem mais volta... eu só quero que você me perdoe por ter deixado isso acontecer. Agora, terei que dar conta das consequências, que começarão com a minha saída dessa escola.

O rosto de mamãe estava vermelho de tanto chorar, mas ela me perdoou depois de um certo tempo. A partir daquele dia, eu deixei de ser a menininha que merecia toda sua proteção e que, segundo os sonhos dela, se casaria na igreja com um lindo vestido de noiva.

Mal sabia ela que papai poderia ter dúvidas ao me "entregar" a outro homem no altar. Há muito tempo, ele havia me ensinado a arte do sexo, despertando esse desejo que se inscreveu em mim e que estava presente em tudo que eu fazia e pensava. Na infância, minhas bonecas faziam sexo comigo e nada era mais prazeroso do que brincar dessa forma. Hoje, meus sonhos são tão reais que eu amanheço toda "babada" e me masturbo quase todos os dias.

As roupas que eu usava eram sempre de tamanho mínimo para conseguir tocar minhas partes íntimas quando tivesse vontade. Nunca mais perdi esse costume de estar com parte da bunda de fora, pois disputava a beleza de meu corpo com outras meninas e podia despertar o interesse dos homens. Como iria viver o sonho de minha mãe e aguardar a chegada de um príncipe encantado?

Em relação ao meu pai, foi óbvio seu descontrole emocional ao saber da minha aventura. A partir daquele dia, ele passou a controlar meus passos e saídas, eu não tinha o seu apoio para mais nada.

Poucas semanas depois do ocorrido, ele não se conteve mais e extravasou sua raiva ao me olhar de cima a baixo, pronta para sair de casa, toda maquiada, com os cabelos soltos, saia curta e batom vermelho.

– Vai sair assim, mostrando tudo?

– O corpo é meu e eu faço o que quiser com ele – falei com desdém.

– Tu parece uma meretriz que vai fazer ponto na esquina!

– Seu ignorante, sou o que você fez de mim!!

– Tu não me respeita?

– Você também não tá me respeitando. Aliás, respeito? Quem é você para exigir respeito? Nem o meu cachorro você respeita, zoófilo doente!

– Quer saber? Tu não vai sair!

– Como não, tá louco? Você não manda em mim!

– Ah é? Então vamos ver quem manda aqui!

Minha mãe interveio e tentou levá-lo para dentro de casa, mas ele a empurrou violentamente. Tentei me jogar em cima dele para defendê-la e levei dois tapas tão fortes que fui jogada longe. Depois, ele me chutou várias vezes, possesso e fora de si.

Nessa época, eu estava com dezesseis anos de idade e meu pai nunca tinha levantado a mão para mim. Depois dessa agressão, desejei muitas vezes a sua morte e maquinava uma forma de fazer isso ou de fugir com a minha mãe, talvez voltar para a cidade onde moravam meus avós. Porém, mamãe nunca me ouvia quando se tratava de meu pai; ela seria capaz de sustentá-lo em qualquer situação, era incapaz de dizer um "não" para ele e aceitava ser uma mulher servil e submissa.

De certa forma, eu entendo sua fragilidade. Ela teve uma vida sofrida, saiu de casa ainda criança para trabalhar em "casa de família" e ajudar na alimentação de sua mãe e de dois irmãos pequenos. Assim, devia levar consigo o medo de voltar a passar fome e ficar na "rua da amargura" com uma filha para sustentar.

Por alguns instantes, a ideia de fazer uso do plano B passou pela minha cabeça; cheguei até a pegar as drogas para ingeri-las de uma só vez, pois queria que ele sentisse, pelo resto da vida, minha ausência e o mal que me fez. Porém, não tive coragem de causar tristeza à minha mãe pela morte de mais uma filha...

QUARTA PARTE

Desejo Insatisfeito ~ Compulsão Sexual

F iquei um pouco mais aliviada quando mudei de escola. Fui estudar num lugar diferente e, por muito tempo, fiquei isolada e distante de todos os amigos, principalmente por minha imagem ter sido exposta nas redes sociais.

Porém, a impulsividade erótica e o desejo sexual permaneceram latentes e eu descobri um novo hobbie: assistir, sozinha em meu quarto, a filmes pornográficos em dvd ou na internet quase todos os dias. Com eles, aprendi tudo sobre sexo, inclusive que era possível sentir orgasmo sozinha e que existiam certos fetiches vendidos nas casas de sex-shop. Logo, dei um jeito de adquirir um deles, já que estava habilitada para isso.

As cenas que mais me chamavam a atenção nos filmes e vídeos eram aquelas em que partes sensuais do corpo, tais como as nádegas e coxas, eram "surradas" por um tipo de chicote trançado, que era desferido contra o parceiro como se ele fosse um animal. Imaginava eu ali, batendo e dominando o outro sob minhas ordens e condições até que o orgasmo me fizesse parar. Sentia o gozo com os atores intensamente, como se eles não estivessem fingindo, e sempre me deleitava com uma "siririca", apelido que as meninas davam para a masturbação.

Aprendi a me masturbar com cinco anos de idade e, desde o meu primeiro orgasmo, não parei de praticar. O sexo oral visto nos vídeos, dos quais gostava muito, não era novidade para mim, pois eu já o havia experimentado com papai; a surpresa foi saber que as mulheres parecem usá-lo como principal meio de obtenção do gozo e do prazer. De vídeo em vídeo, fui me descobrindo cada vez mais desejosa de buscar outras formas de sentir e aumentar, agora como mulher, o prazer e o gozo sexual.

Aquelas cenas reforçaram em mim a ideia de vender meu corpo e ser uma profissional do sexo, mas não como aquelas tipo "trottoir" nas esquinas. Pensei em ser acompanhante de executivos, trabalhar em alguma agência de "modelos" ou ser atriz de filmes pornográficos. Aprendi que, nesse tipo de trabalho, a proteção contra doenças transmissíveis devia ser disciplinada e asséptica: o "boquete" e a penetração deviam ser feitos com camisinha, o beijo nunca podia ser de língua e um kit com cremes, óleos, lenços secos e úmidos devia fazer parte de cada transa com um parceiro. Caso optasse por esse tipo de serviço, eu poderia obter dupla satisfação, pois teria uma grana extra e o trabalho atenderia meus sonhos eróticos. Porém, uma certa vergonha internalizada em mim rejeitava essa ideia e nunca a concretizei de fato, apenas em alguns momentos.

O instinto inconsciente me remetia, com frequência, ao desejo sexual que fazia parte do meu cotidiano desde pequenina. Meu pai era um desviado, um pedófilo, ele sentia atração sexual por crianças e eu acho que herdei um pouco disso, pois preferia os homens mais jovens do que eu, de preferência os infantilizados. Também havia relatos de que, na sua família, os irmãos e irmãs eram degenerados e que ele fora abusado sexualmente, quando criança, pelos parentes.

Sei que nada disso justifica. Eu não sabia se tinha pena dele ou se queria denunciá-lo, mas o amor que eu sentia pelo meu pai fazia com que me esquecesse de tudo. Era difícil recusar seus carinhos e os afagos sobre meus cabelos e corpo, pois eram irresistíveis, ele tinha algo especial que conquistava facilmente. Como resposta a esses estímulos, passei a ser seduzida por qualquer um que me tratasse amavelmente e com atenção, que me desse presentes ou flores como ele sempre fazia.

Sempre tive curiosidade de conhecer as academias de ginástica das quais minhas amigas tanto falavam, mas nunca pude frequentá-las por não termos dinheiro suficiente. Agora, como estava "presa" em casa, achei que o momento era ideal para focar noutro ambiente que, segundo elas, era de muita exibição, sedução e atração sexual. Comentavam até que a indumentária eram roupas justas que marcavam o corpo.

Parecia mesmo um lugar propício para seduzir e ser seduzido, além da chance que teria de conhecer um parceiro diferente, quem sabe daquele tipo sarado, de corpo viril, guerreiro, atlético e bom de "pegada". Ao mesmo tempo, poderia obter um corpo fitness, "um sonho de consumo", pensei... Minhas expectativas aumentaram só de imaginar os "gados" desfilando seus corpos musculosos e malhados, e não hesitei em me matricular por alguns meses. Ao visitar o ambiente, achei erotizado e cheio de oportunidades...

"Você pode unir o útil ao agradável, tendo um personal trainer só para você durante uma hora, três vezes por semana! Nesse tempo, ele vai 'trabalhar' suas mãos em você para ensinar a alongar os músculos e, às vezes, elas irão tocar "sem querer" naquelas partes"

"Outra coisa, o exercício na bike e o "core abdominal" me fizeram sentir orgasmos nos dias férteis! Aproveita, amiga, na academia é só prazer!"

Flávia, assídua frequentadora, mandou um emoji sorridente pelo whatsapp e me deixou mais excitada ainda.

"Com certeza não vou perder essa! Só estou esperando receber a grana de minha demissão!" respondi.

Enquanto desfrutava do prazer implícito na academia, onde a imaginação era fértil e silenciosa o tempo todo, e depois de ter transado muitas vezes com meu personal trainer, decidi mergulhar de cabeça nos estudos, devido ao início do novo ano letivo. Eu tinha que chegar ao ensino médic (já estava com um atraso de seis meses) e queria fazer um curso superior quando saísse da escola, a fim de ser uma profissional especializada e apagar de vez a imagem negativa que as pessoas passaram a ter de mim.

O novo colégio só era novo para mim, porque seu aspecto e construção estavam necessitando de cuidados e pintura. As telhas que faziam a cobertura dos corredores estavam quebradas e com certeza não protegeriam ninguém das chuvas, e as paredes das salas de aula eram rachadas, sujas e cheiravam a mofo, o que provavelmente colocava em risco a saúde dos alunos e professores. Porém, parecia que ninguém se importava com a falta de manutenção e todos assistiam às aulas motivados pelo empenho dos professores, que tornavam o ambiente minimamente propício e tentavam dar conta do currículo anual.

Entrei de corpo e alma na onda dos demais alunos, pois amava estudar e aquele período que passara sem pegar nos meus cadernos cor de rosa deixaram um vazio em meus conhecimentos. Eu precisava recuperar o tempo perdido e a dedicação naquilo que eu acreditava ser um "futuro garantido" fez com que o fim do ano chegasse rapidamente. Não suportava a ideia de ser como meus pais, que estudaram apenas até o ensino fundamental.

No ano seguinte, a classe estava lotada e um menino sentou ao meu lado. Nossos olhares se cruzaram algumas vezes. Meu interesse sempre era voltado para os mais novos, pois eu notava que os atraía facilmente, achava que seriam frágeis e, assim, que eu poderia dominá-los.

O menino chegou, me olhou, parecia meio introvertido. Eu já havia observado que ele fazia parte de um grupo que costumava se reunir num lugar afastado do pátio, acho que para fumar. Depois, se apresentou:

– Olá, meu nome é Pablo. Tudo bem?

– Tudo bem, você? – respondi meio desconfiada.

– Posso sentar ao seu lado ou o lugar tá reservado?

Maria costumava sentar ali, mas estava atrasada e não pensei duas vezes antes de responder:

– Pode sim. Eu sou Anni!

Era um tipo magro, meio alto, de cabelo preto crespo e longo, nariz fino, olhos castanhos, parecia tímido e medroso. Usava calças jeans rasgadas, camiseta e cheirava a cigarro, daqueles bem fedorentos. Ficou quieto durante a aula e não arriscou virar o rosto para mim, pelo menos não até sair da sala e me dar um "tchau" no fim da aula. Depois, saiu apressado para se encontrar com os amigos que o esperavam no corredor próximo à nossa sala.

No dia seguinte, cheguei atrasada e a sala estava agitada, pois a professora queria a formação de duplas para um trabalho a ser feito nos próximos seis meses. Pablo estava me esperando e logo perguntou:

– Vamos formar uma dupla?

– Não sei – respondi relutante – Preciso falar com a Maria.

"Ela precisa da minha ajuda, pois tinha muitas dificuldades" pensei. Meio desapontado, ele concordou e ficou aguardando a minha decisão. Retornei depois de ter falado com ela e pedi desculpas, dizendo que aceitaria estudar com ele.

– Que bom, vamos arrebentar!

Ele realmente me surpreendeu com sua inteligência e facilidade para aprender. Às vezes, parecia nem estar prestando atenção na aula, mas os resultados surpreendiam. Minha preferência era por matemática e ele gostava de português, o que facilitava os estudos e o desenvolvimento de todo tipo de trabalho. Rapidamente, chegamos ao pódio de melhores alunos da sala.

Pablo também era muito atencioso comigo e, de vez em quando, trazia bombons de chocolate, balas e outras guloseimas. Além disso, notava minhas reações quando eu não estava bem, mas não perguntava nada, ficava quieto e esperava algum sinal meu. Era um tipo de "trato" que inventamos sem querer, pois era mais comum o retraimento e isolamento dele, mas nenhum dos dois questionava nada até que o gelo fosse quebrado pelos estudos e tudo voltasse ao normal. Às vezes, quando ele estava nesses momentos, o cheiro do cigarro fedorento exalava forte e seu rosto ficava muito vermelho.

Aos poucos, fomos criando uma afinidade e não demorou para que nosso relacionamento se estendesse para a lanchonete, o pátio e as saídas da escola para casa. Ele morava mais longe, então eu o deixava na parada do ônibus e seguia meu caminho sozinha.

Certo dia, num desses passeios, fui seguida por um cara chamado Jean, que era um "rapaz sério" escolhido por minha mãe para namorar comigo. Ela trabalhava com ele e o levou em nossa casa para que fôssemos apresentados.

Deixei Pablo na parada de ônibus e, após uma troca de beijos no rosto, Jean veio até mim e comentou:

– Paquerando, hein?

Pega de surpresa, respondi:

– Oi, tudo bem? Nada, é apenas um amigo da escola.

– Ah sim, mas o beijinho de despedida foi muito íntimo... – falou.

Fiz cara de paisagem e devolvi:

– E você, não devia estar trabalhando?

– Hoje acabei mais cedo e aproveitei para vir te pegar, mas parece que você não gostou!

– Não gostei mesmo, o zap existe para a gente se comunicar!

Jean não tinha nada a ver comigo e eu achava que não podíamos ter nada além de uns beijinhos, principalmente porque mamãe estava sempre de olho em nós. Quando ela dava um tempo, eu tratava de dar uns amassos nele, mas o cara era muito tímido para meter a mão, não se insinuava nem um pouquinho... Ele também nunca foi de fumar "baseado" e isso já não me agradava, além de ser arrogante e metido a "sabe tudo". Mamãe gostava dele porque, segundo ela, era muito trabalhador e responsável, um "rapaz para casar".

Assim, ele me visitava para "namorar" somente às quartas-feiras e aos domingos. Nas quartas, a gente sentava no sofá para assistir filmes que ele alugava na locadora e mamãe fazia pipoca e chá com bolo de chocolate para a gente. Domingo era o dia de ir à missa de tarde e ele chegava na minha casa de camisa e calça social, pois, segundo ele, os crentes deveriam vestir sua melhor roupa para louvar a Deus na igreja. Porém, não era bem isso que se via, pois todos pareciam estar lá mais para arrumar "casamentos" do que para louvar – eram piscadinhas e olhares por todos os lados, salvo quando todos fechavam os olhos para rezar. Mesmo assim, eu era obrigada a acompanhar os dois na igreja, ele e minha mãe. Às vezes, eu desconfiava deles...

Aqueles dois dias da semana eram como rituais, sempre a mesma coisa: filmes, pipoca e missa. Não suportava mais aquilo. O cara nunca me levou para o cinema ou para uma pizzaria, pois dizia ser mais "caseiro". Então, decidi ser grossa com ele e o cancelei de vez dias depois, antes que Pablo soubesse de sua existência. Acabei ouvindo um monte de baboseiras de minha mãe.

Naquela semana, Pablo me levou para conhecer seu grupo que fumava atrás do prédio da escola:

– E aí, Anni, o que você acha de dar umas baforadas?

Na verdade, eu já sabia do que se tratava e, como a maioria da turma fumava, eu fiquei curiosa. Porém, as palavras da minha mãe soaram mais fortes naquela hora e eu falei com firmeza:

– Nem pensar, Pablo! Esse cheiro é muito forte, o que vou dizer em casa depois?

– Que nada, passa logo, o legal é a calmaria que fica...tudo é maravilhoso! Há-há-há! E você não vai dar uma de cafona, né? Vamos, bora experimentar!

"Eu quero ser aceita no grupo e já não sou mais uma garotinha... além do mais, se eu não gostar, posso pular fora." pensei comigo.

A cannabis, mais conhecida como maconha, era fornecida por um dos alunos que, inclusive, era muito conhecido por quase todos na escola. Até alguns poucos professores sabiam e, às vezes, compravam. Na outra escola em que eu estudava era a mesma coisa, acho que deve ter um baita grupo de jovens e adolescentes infiltrados nos grupos escolares. Se não fosse por eles, como iríamos conhecer a droga e desfrutá-la?

Sentei com o grupo de amigos do Pablo e o cigarro foi passando de boca em boca, pois o produto era caro e tinha que render. Dei algumas "puxadas", comecei a tossir (o que aparentemente era normal nas primeiras vezes) e, aos poucos, fui aprendendo como aquilo funcionava. Não senti nada na hora, mas depois fiquei sonolenta e, ao mesmo tempo, com uma sensação de felicidade. Parecia que tudo era alegria, o sorriso surgia de repente, sem razão nenhuma, o tempo parava ou seguia... e o lugar onde estava... eu não sabia.

Era estranho como aquilo mudava totalmente a noção das coisas e da realidade, parecia que eu não era eu. Minha coordenação motora entrava em parafuso e me pegava mexendo o braço para cima e para baixo sem saber o porquê. Pablo caía na gargalhada e dizia coisas desconexas, ficava eufórico e vermelho como um pimentão. O problema é que aquilo não durava muito e, em menos de uma hora, o efeito passava. Acho que é por isso que eles estavam sempre reunidos e fissurados atrás de mais.

– Então, Anni, esse prazer gostoso custa caro! – ele falou e deu uma risada – Hoje foi de graça para você porque é recepção de novo membro e o cachimbo rolou de boca em boca, mas você vai ter que pagar se quiser de novo. E isso também deve ficar entre nós, pois, de vez em quando, os guardas passam por aqui.

– Ah, eu que não vou comprar isso! – falei – É muito perigoso para mim, pois cheguei há pouco tempo aqui e não posso ser expulsa do colégio. Se bem que gostei da aventura... há-há-há. Quanto ao segredo, não esquenta que já guardo muitos!

– Tudo bem, pode deixar as compras futuras comigo, mas traga dinheiro!

Dinheiro era o principal assunto das rodas de conversa e eles estavam sempre atrás de algum. Tinha gente que até levava objetos de valor de casa para vender e pagar alguém ou comprar mais "bagulho."

Enfim, Pablo me convidou para conhecer sua família depois de um tempo e, a partir daí, começamos a namorar e a estudar em sua casa. Estava louca de desejo por ele, mas a experiência do estupro ainda era latente e eu tinha medo de me entregar. Nossos beijos e carícias genitais me estonteavam e, entre os livros e cadernos, entrávamos naquele prazer frenético que inundava minhas entranhas e me causava dor nas pernas.

Em uma dessas situações em que me recusei a dar continuidade ao ato, ele quis saber por que eu estava evitando transar e, então, acabei contando sobre minha primeira experiência traumática:

– Sinto um imenso desejo, mas o medo da dor é maior do que tudo...

– Tudo bem, Anni, quando estiver de boa a gente transa...

Passou um bom tempo até que, num dos meus dias férteis, eu não resisti quando suas mãos deslizaram por baixo de minha saia curta. Antes de continuar, porém, fiz uma exigência:

– Tem alguma coisa para relaxar?

– Sim, tenho algo que vai te animar... além do baseado, temos umas balas.

– Balas? Balas de quê? – perguntei – Olha lá o que vai aprontar...

– Chama-se ecstasy, você não resistirá!

Peguei o celular, digitei a palavra e passei o olho na definição.

– Hmm, tá bom, vamos nessa!

Então, ele serviu um drink para acompanhar, acendeu um bagulho fedorento e, entre o gosto de vodka e cigarro, fomos nos envolvendo. Depois de um tempo, uma euforia tomou conta de mim e, louca de desejo, me entreguei àquele pênis que, aliás, era igual ao do meu pai. No mesmo instante em que me penetrou, olhei para ele com os olhos arregalados e gritei histérica:

– Gozei! Gozei! Cara, foi tão rápido! Eu já gozei!

– Você é muito gostosa, Anni... – ele falou e continuou lentamente num vai e vem constante. Porém, o interrompi e assumi o controle, invertendo a posição e subindo em cima dele. No movimento frenético de sobe e desce, sentia meu clitóris encostar a cada descida e, novamente, em meio a gritos de prazer, gozei.

– Ahhh, dei mais uma gozada!! Você é incrível, esse pinto...

Ele continuou e, alguns instantes depois, insistiu:

– Não para, não para que agora sou eu... – ele disse isso e, com rapidez e força, bateu mais ainda. Não aguentando a pressão, gritei:

– Não acredito eu vou gozar de novo!

Tive um intenso orgasmo no mesmo instante que ele. Ao deixar seu corpo, minhas pernas tremiam e fiquei ao seu lado, abraçada, me sentindo amada e protegida. Sentia a boca seca de sede, meu coração disparado e câimbras nas pernas, mas tudo foi sumindo aos poucos e, com a mão em seu pênis, eu adormeci.

Foi um dia inesquecível em que fui plenamente saciada e pude me considerar uma mulher feliz. Por muito tempo, aquela felicidade durou e achei que tinha encontrado meu príncipe, minha alma gêmea, aquele que me faria feliz. Recebia mimos, flores e meu maior desejo era atendido – as outras coisas eram consideradas segundo plano, pois se o sexo estava bem, tudo estaria bem. Apenas o sexo interessava e eu me sentia segura ao acordar de manhã, após uma noite de prazer, sentindo seu pênis em minha mão.

Agarrei com unhas e dentes aquele homem e sentia que não poderia perdê-lo de jeito nenhum. Sentia muitos ciúmes dele e minha insegurança era tanta que eu controlava cada passo, cada olhar, cada cheiro, desconfiava de suas amizades e vivia de olho nos sons e imagens de seu celular para saber de onde vinham. Minha angústia era tanta que vivia com o coração palpitando, tinha ânsias de vômito e chorava continuamente a cada atitude considerada estranha. Não sei o que acontecia, pois eu passei a viver doente, ora com a garganta inflamada, ora com uma infecção genital que secretava pus, e ia muitas vezes no médico para tratamento. Além de tratar as infecções, ele sempre receitava remédios para me deixar calma, dizendo que era ansiedade. Minha mãe achava que eu tinha problemas de coração.

Houve um dia em que Pablo não se aproximou de mim sexualmente e comecei a questioná-lo sobre isso. Ao pegar em seu pênis, ele retirou bruscamente a minha mão e alegou que estava doendo:

– Não me toca que estou machucado! Me feri ao cair de um banco de madeira que tinha um prego de ponta para fora!

– Como assim? Já tem uma semana que não transamos, deixa eu ver.

Ele negou e eu comecei a ficar nervosa:

– Cara, você tá mentindo! Por que não fala logo que não me quer mais?

– Tá bom, já que insiste, olha – ele abriu a calça e mostrou uma ferida feia no pênis, que estava inchado e com um aspecto horrível. Fiquei apavorada ao ver que podia ser uma doença venérea e quis saber desde quando ele estava assim, pois poderia ter passado para mim.

– Fala sério, isso não tem nada a ver com ferimento de algum objeto, não é?

– Não sei, mas vou no médico amanhã.

Desesperada, marquei consulta com o ginecologista no dia seguinte e fui fazer exames de sangue no laboratório. Felizmente, eu não estava com nenhuma bactéria, pois os resultados foram negativos. Assim, ficou confirmado que ele transava com outras mulheres e que aquilo era uma doença venérea proveniente disso, o que explicava meus problemas de inflamações e de baixa imunidade.

Aos poucos, Pablo foi se deixando conhecer mais e revelou ser um consumidor excessivo de drogas como LSD, ecstasy, maconha e outras substâncias mais pesadas. Elas passaram a fazer parte de todos os nossos encontros e, para obtê-las, era preciso entrar em contato com os amigos e traficantes. Tudo que ele ganhava no trabalho era gasto com as drogas.

De vez em quando, também rolava alguma foto de menina no seu celular, o que me deixava possessa.

– Pablo, quem é essa vadia no teu celular?

– Ah, uma amiga do meu trabalho, nada demais...

– Mas vi que ela te mandou mensagens safadas e mal intencionadas...

– Ah, mas é o jeito dela! Qual é, tá de sacanagem?

– Tu tá de rolê com ela, fala sério...

– Nada cara, fica fria.

A época de férias escolares coincidiu com meu encerramento no Ensino Médio e, a partir daí, meu objetivo passou a ser o curso superior. Queria muito que meus avós soubessem dessa noticia e, ao mesmo tempo, queria pedir ajuda financeira para o curso que iria fazer, então planejei visitá-los na cidade onde moravam. Contudo, por causa das desconfianças que sentia de Pablo, pedi que uma amiga o vigiasse durante minha ausência.

Na sexta-feira de manhã, fui ao mercado com meus avós para comprar algumas coisas e o celular tocou. Era a Julia:

– Anni, você tinha razão, soube que ele irá numa balada hoje à noite.

– Sério?!

Meu sangue ferveu e falei que voltaria no mesmo dia:

– Julia, quero estar lá, você me acompanha?

Ela confirmou e liguei para a rodoviária, remarcando a passagem, meus avós não entenderam nada. Ao chegar em casa, percebi que a chave do meu quarto havia sumido, mas meu foco era outro agora.

À noite, fizemos um "esquenta" de álcool e ecstasy na casa dela e fomos para a balada. Naquele dia, o ingresso para as mulheres era gratuito e a gente entrava facilmente, ninguém pedia documentos:

– Beleza, Anni, vamos entrar sem eles perceberem que somos menores de dezoito anos, hua hua!

– Mas eu sempre entrei de boa! – respondi.

Chegamos no local noturno mais conhecido da cidade. O som eletrônico era enlouquecedor, as pessoas dançavam e circulavam de copo na mão, as fumaças se destacavam pelas luzes coloridas espalhadas no teto e tudo parecia maravilhoso. Fui sendo levada por aquele clima enquanto meu olhar passava por todos os homens em busca de Pablo, mas não o encontrei. Então, resolvi beijar todos os outros, louca de desejo, eufórica... e beijei muitos, muitos.

Ao sair dali, meio bêbada e de porre, vi o infeliz agarrado a uma garota perto de seu carro. Tudo mudou de repente, a alegria se transformou em ódio e, numa fúria desenfreada, voei par cima dos dois, segurei-a pelos cabelos e desferi dois socos em seu rosto, jogando-a no chão. Desesperado, Pablo tentou me segurar, mas minha força era tanta que ele não pôde fazer nada a não ser receber algumas bofetadas e ter seus braços arranhados e marcados de sangue.

A partir desse dia, minha vida se transformou num inferno de tristeza e angústia, eu tinha crises diárias de choro e o medo de perdê-lo tomou conta de mim. Passei a controlá-lo num ciúme doentio, cerceando seus movimentos e sentindo a decepção crescer em meu peito. Será que eu seria objeto de uso mais uma vez? Com esse pensamento, resolvi terminar o namoro numa tentativa de puni-lo pelo que tinha feito, mas ele não deixou passar em branco e se voltou contra mim, desferindo palavras ofensivas e cruéis:

– Você se acha santinha, mas é uma vadia difamada no Orkut!

Eu não esperava aquilo dele e uma ferida enorme foi reaberta. Como se não bastasse, decretou:

– Você não encontrará ninguém que te faça feliz como eu!!!

Aquilo me destruiu. Eu caí em prantos, senti minha garganta apertar, tive ânsia de vômito, meu coração disparou, o pânico assumiu o controle e perdi os sentidos. Acordei no hospital.

Ir para a emergência já tinha virado uma coisa normal e, mais uma vez, o médico receitou calmantes para a crise emocional. Pablo me levou uma blusa de presente com um ramalhete de flores, esperou que saíssemos dali e me levou para sua casa. Ao chegar lá, sua mãe me abraçou, ofereceu uma coisa leve para comer e me deixou bem, enquanto Pablo parecia estar arrependido pelo meu estado nervoso. Entretanto, ao invés de me dar atenção, encheu a cara e acabou dormindo durante o tempo em que fiquei na sala.

Ao acordar, surpreendeu-se com a minha presença e se aproximou para me beijar:

– Oi, minha linda, que bom te ver!

Porém, eu ainda estava zangada pelas ofensas proferidas contra mim e, livrando meu rosto, falei com desprezo:

– Aff, tenho nojo desse bafo de bebida! Vai escovar os dentes!

Raivoso, ele apertou meu braço e reclamou:

– Porra, que mal agradecida, depois de tudo que fiz ainda me trata desse jeito!

– Não pedi nada, você me deu presentes porque quis! Eu nem gostei dessa blusa feia, pode ficar com ela e me leva para casa! Tenho nojo de ti!

Ao sair, ligou o carro contrariado e, num choro compulsivo, acelerou e fez o carro derrapar de forma arriscada. Seu rosto estava transfigurado, ameaçador, e senti que algo terrível aflorava dentro de mim junto a uma ânsia que me fez vomitar. O medo e o pânico novamente tomaram conta e comecei chorar e gritar:

– Por favor, para esse carro antes que dê merda!

Dei graças a Deus quando ele desligou o carro e desci correndo para me afastar. Depois, caminhei até a minha casa, decidida a pôr um fim naqueles quatro anos de convivência atribulada. O desgosto durou apenas até a próxima mensagem dele.

QUINTA PARTE

Encontros e desencontros – Sexo e Drogas

Nunca abandonei meu empenho pelos estudos, pois acompanhava a luta de meus pais para pagar as despesas da casa e não queria acabar do mesmo jeito. Finalizei o ensino médio em escola pública aos dezoito anos, consegui uma bolsa para estudar e, como não tinha noção do curso que queria fazer, participei de um tipo de workshop na universidade que direcionava os alunos para cursos de acordo com suas aptidões. Assim, fui fazer psicologia, pois imaginava que ela seria a resposta para meus problemas, ao mesmo tempo que arrumei um emprego no comércio para pagar minhas despesas de transporte, alimentação e, quem sabe, compras a crédito.

O mundo universitário particular exigia um certo status social e meu complexo de inferioridade parecia andar na contramão. Porém, percebi que havia algumas coisas parecidas com a escola pública: o cheirinho fedorento de maconha estava no ar!

Aos poucos, fui conhecendo outros colegas que eram bolsistas como eu e que, depois descobri, representavam um grande percentual dos acadêmicos. As amizades novas começaram a surgir, minhas notas eram altas e tudo parecia estar ao meu favor, era só deixar fluir. Também, pouco antes de ingressar na universidade, eu havia feito implantes de silicone nos seios e isso fez muito bem à minha autoestima (meu pai fez questão de fazer os curativos neles até que cicatrizassem, diga-se de passagem).

Por outro lado, meu namoro com Pablo continuava instável. Nenhum de nós desejava o distanciamento e, por eu ter tomado a iniciativa da separação, acabei atacando seu orgulho, o que o levou a achar que era o melhor da relação e que eu sempre estaria sujeita a ele. Será que o desejo sexual me colocava nessa posição de dependência? Não sabia dizer. Acho que ele também suspeitava disso, pois provocava minha ansiedade com mentiras e enganações, ao mesmo tempo que vinha com presentes, um baseado para aliviar a minha tensão e me levava para a cama. Além disso, me prendia à ele pela ajuda nos trabalhos universitários, pois ele tinha bastante domínio da linguagem acadêmica.

Assim, parecia que meu destino estava atrelado a ele... mas só parecia, pois eu não sentia mais o mesmo prazer em nossas transas, perdi o encanto e isso era algo que eu não tolerava. No começo do namoro, a gente fazia amor todos os dias e eu batia nele quando ele não estava a fim. Por essa razão, nossos conflitos foram aumentando com idas e vindas de desafetos, mentiras, traições, presentes, sexo, drogas e violência. Não confiava mais nele, desafogava minha raiva interior e batia com vontade, meu gozo agora era fazê-lo submeter-se ao meu domínio. O problema é que não conseguia abandoná-lo! Será que tinha razão ao pensar que só ele poderia me fazer feliz?

À noite, eu saía com as amigas, deixava parte dos meus belos seios à mostra para ostentar, tinha um corpo dourado do sol, pernas torneadas pela academia e vestia roupas extravagantes. Depois, postava minha selfie nas redes sociais, os homens vinham em enxurradas e, no dia seguinte, ficava esperando as mensagens ofensivas dele. Eu fazia aquilo para provocá-lo, era uma relação de amor e ódio. Ele vinha atrás de mim, pedia perdão, eu o perdoava e fazíamos amor como nunca.

Certa noite, num barzinho que costumávamos frequentar, avistei Pablo batendo papo com uma amiguinha e tomando cerveja. O sangue subiu, mas tentei me controlar:

– E aí, malandro, posso sentar?

– Claro, Anni é apenas uma amiga – respondeu com um sorriso irônico.

– Qual é, você acha que eu sou otária?

A guria deu uma gargalhada e disparou:

– Será que você não se toca, cara? Ele não é para ti, é um rapaz pobre!

Não aguentei mais, levantei e dei-lhe um soco na cara com tanta força que ela emborcou no chão. Depois, esperei que se levantasse para dar outro, mas ela não disse mais nada e foi embora. Comigo era sempre assim: armava o barraco, baixava o nível de tanta raiva que sentia e a reação era sempre agressiva. Depois, sentia culpa e chorava...

Esse relacionamento era tóxico, estava me consumindo física e mentalmente, eu sentia que algo me sugava para o fundo do poço e não fazia ideia de como sair dali. Afogava as mágoas na bebida e nas drogas, voltava para casa vomitando de porre e minha reação era afundar mais e mais...

A vida noturna foi o caminho mais fácil para mim. A noite esconde tudo, você sai bela, maravilhosa e volta um trapo mental e físico. Eu liberava meus demônios interiores, atraía para mim os de outras pessoas e eles colavam em mim, como se estivessem precisando da minha energia para viver. Com certeza, Julia tinha razão quando dizia que as trevas eram a ausência de luz, a nossa ignorância, a falta do conhecimento:

– Amiga, o que precisamos é de luz, não das trevas!

Para mim, eram só teorias.

Na balada que eu frequentava, havia um cara que fornecia drogas e a gente sempre comprava dele. Chamávamos o sujeito de "baleiro", pois era infiltrado nos grupos e estava sempre com os bolsos cheios de "balas". Certa noite, ele se insinuou para mim, ofereceu ecstasy de graça e, quando notou que a droga estava fazendo efeito, me beijou. Ele era bom de "pegada" e isso me animou, mais ainda por eu ter tido coragem de dar o primeiro troco no Pablo, apesar do risco que havia. Porém, ele foi preso alguns dias depois e, quando achei que não o veria mais, recebi uma carta. Apesar de não saber como ele descobriu meu endereço, aceitei me comunicar por correspondência durante um tempo.

Não sabia como me livrar dele. Como iria ficar com um cara perigoso? Ao mesmo tempo, eu nem ligava quando ele dizia que sairia da prisão para ficar comigo. O problema é que, quando ele foi solto, começou a mandar mensagens para mim, dizendo que queria me encontrar e que estava apaixonado por mim. Nas cartas, eu mentia e dizia que também o amava, que não via a hora de passarmos todas as noites juntos, foi a minha sentença! Eu vivia me escondendo e ele me seguia, esperava na frente da minha casa... até que fui obrigada a ceder.

De cara, ele me apresentou para a sua mãe:

– Mãe, esta é a Anni que eu tanto te falei!

Ela, muito bacana, sorriu para mim, apertou minha mão e me deu um abraço. Senti que ela estava desesperada e colocava suas esperanças em mim, como se eu pudesse salvar seu filho do tráfico e das más companhias. "Minha nossa, o que eu faço agora?" pensei comigo. Mas ela foi rude com filho e disse que eu correria perigo, pois os amigos dele não cansavam de ligar para a casa dela, insistindo para recolocá-lo no esquema.

– Não esquenta, mãe, que não vou voltar! – ele prometeu.

Naquele dia, passamos a noite juntos e transamos diversas vezes, curtindo música sertaneja e bebidas.

Não demorou muito para que ele voltasse a vender drogas. Apesar de esperto, ele não tinha educação formada para arrumar emprego e, assim, achava difícil encontrar algum que lhe satisfizesse financeiramente, já que ele ganhava, no mínimo, dois salários e meio no comércio de drogas psicoativas. Ele sabia que o risco compensava, pois, mesmo estando entre os consumidores e a polícia, dava para faturar por um bom tempo.

Sua última prisão foi rápida e era uma "medida socioeducativa" por ser menor de idade, mas sua mãe sempre ficava apreensiva, pois todos os dias havia notícia de prisão e morte de jovens envolvidos no tráfico, seja pela polícia ou por quem os contratava.

Quanto a mim, estava enrolada naquele relacionamento que me deixava continuamente preocupada, sem saber o que fazer, com um medo que me tirava o sono. Eu não queria aquilo para mim, pois sabia que era crime e eu seria taxada como "mulher de bandido", mesmo sem fazer parte do tráfico. Um tempo depois, porém, descobri que a sorte estava do meu lado, pois ele sumiu inesperadamente. Fiquei sabendo pela sua mãe que ele havia sido transferido para outro estado, pois ia fazer parte de um trabalho especial e ninguém podia saber. Ufa! Dei graças a Deus, pois ele nunca mais enviou notícias.

Além dessa aventura perigosa, os "contatinhos" continuavam a dar frutos e surgiam a todo momento na faculdade, nas baladas e nas redes sociais. Numa das noites de farra, tentei ficar com um amigo de Pablo como forma de desafiá-lo, mas o rapaz se recusou e quase não consegui meu intento. A parte boa é que ele ficou sabendo de minha intenção e exigiu explicações, mas eu fingi que não sabia de nada. Noutra ocasião, não resisti à insistência de um cara mais velho e até achei legal na primeira vez, mas depois foi repugnante e me arrependi. Ele ficou mandando flores e não aceitei sair novamente.

Na verdade, eu queria mesmo reatar com Pablo e não pensar somente em sexo, pois era só isso que existia entre nós. Eu tentei pensar no começo de nosso amor para ver se algum daqueles sentimentos voltava, mas acho que isso não se recupera mais. Sinto falta dos momentos de carinho, das comidas que ele fazia para mim, de deitar junto, de ver um filme e de não precisar ir para festas, mas vejo que não tem mais jeito de voltar porque ele mente, trai e só faz o que lhe convém. Nunca pensou em como eu estava – e olha que estive doente muitas vezes – mas ele nem se preocupou comigo. No início, quando era tudo cor de rosa, eu tinha vários orgasmos ao mesmo tempo; hoje, tenho que me esforçar para ter um. O problema é que não consigo me afastar dele, fico esperando que seja como antes e sofro cada vez mais. É mais forte do que eu.

Pablo era igual ao meu pai. Fazia tudo por mim e para mim, era meu namorado, meu amor e meu amante. O problema é que eu também era parecida com ele: cobrava suas carícias, exigia sua presença e fazia dele meu objeto de prazer enquanto o socava com vontade.

Eu sabia que deveria abandoná-lo assim como fiz com meu pai.

A praia e o mar tinham significados ambíguos para mim. Assim como eu "afogava minhas mágoas" em momentos de tristeza, também a frequentava assiduamente para satisfazer meus desejos compulsivos. Eu adorava ficar lá, admirando os corpos seminus dos homens e "viajando" debaixo de suas sungas e bermudas coloridas.

Num dos dias em que estava mal, principalmente por não conseguir sustentar a agressão sofrida de meu pai e ter que conviver diariamente com ele, saí de casa e fui caminhar com meus pensamentos.

Parei na praia, olhei para a imensidão do mar e pensei em mergulhar, ser acolhida pelas profundezas. Em vez disso, deixei que meu corpo e minha mente se harmonizassem; ouvi o barulho das ondas batendo na praia, vi a água clarinha indo e vindo até mim, senti a brisa em meu rosto, o sol quente num dia de céu azul, aquela areia tocando a sola dos meus pés... e continuei andando, esvaziando a mente dos problemas.

Ao contrário das drogas e bebidas que me anestesiavam, o mar renovava minhas energias, fortalecia meu organismo e amenizava minhas crises. Porém, a dor emocional era intensa demais e resolvi procurar um conhecido que distribuía drogas e morava nas redondezas.

Ângelo e eu namoramos na época da escola. Como não via futuro nele, terminei o relacionamento para ficar com o Pablo, mas ele nunca aceitou a separação e dizia que eu não seria feliz com outra pessoa.

Cheguei em sua casa e ele me recebeu com um largo sorriso:

– Anni, que surpresa! Como vai você?

– Tudo bem, e você?

– Você tá linda... – disse enquanto olhava para meus peitos – Tenho visto o Pablo por aí, mas este cara apronta, hein?

– Por favor, não quero falar sobre isso agora...

– Entra, estou sozinho em casa!

– Queria ver se você tem alguma coisa "doce" para me vender – adiantei.

– Sim, sim, você veio no lugar certo. É boa para "viajar" e mais barata que avião... há-há! Quer experimentar? Estamos de boa, minha mãe viajou hoje de manhã.

Eu me senti à vontade, podia aproveitar o momento e, quem sabe, curtir uma transa gostosa. Estava de short curtinho e minhas pernas cruzadas o atraíam, ele deveria estar há muito tempo sem pegar alguém.

Rapidamente, Ângelo trouxe um tal de LSD, o famoso alucinógeno feito em laboratório, enquanto fumava um baseado e abria uma cerveja. Ficamos conversando e nos aquecendo até que, de repente, fiquei "chapada" e me senti fora dali, correndo por um lugar campestre esverdeado junto com outras pessoas vestidas de túnicas coloridas, cada uma de uma cor diferente... uma brisa soprava em nossos rostos num cenário que eu jamais imaginaria.

Depois de um tempo interminável, retornei a mim como se algo tivesse me puxado, senti o corpo tremer sem poder mexer braços e pernas, minha voz não saía, parecia que estava presa naquele sofá. Aos poucos, fui abrindo os olhos, me desprendendo e conseguindo me movimentar. Era tudo tão real... eu não queria voltar, mas a voz de Ângelo me trouxe para a realidade:

– E aí Anni, tudo bem?

– Meio tonta, com sono e muita sede!

– Nossa, parece que teus olhos vão saltar para fora!

– Você colocou outra coisa além do doce na bebida?

– Botei só uma pitada de cogumelo para incrementar... há-há-há.

– Cara, você quer me matar de overdose?! Meu coração tá batendo muito rápido!

– Calma, relaxa que já vai passar. Quer uma ceva gelada ou prefere água?

– Prefiro água, enche o copo.

Ele se levantou do sofá e, antes de ir para a cozinha, falou:

– Você se mexeu um monte, mas não quis estragar tua viagem... e não esquece de me pagar!

Tirei tudo que tinha na bolsa e dei para ele. A essa altura, já tinha perdido a vontade de transar, mas como o valor não cobriu o preço do "doce", ele insistiu que eu fizesse um boquete até que gozasse. Prometi a ele que nos veríamos em breve.

Saí dali com a cabeça meio tonta e dolorida. Parecia que as cores da rua ficavam mais vivas, algumas mudavam de forma, as árvores se transformava em enormes animais...

*

Eu vivia cercada de perigos: as doenças sexualmente transmissíveis, a compra de drogas direto de traficantes, o uso sem limites dessas drogas, a possibilidade de uma gravidez indesejada... e eu tinha plena consciência disso. O problema é que, vez ou outra, eu acabava transando sem exigir proteção.

Eu já havia tido contato com um traficante e o caso só não foi para frente porque ele desapareceu de repente. As baladas noturnas eram terríveis e já cheguei a ter uma arma apontada para minha cabeça dentro de um carro num lugar impróprio, movimentado por bandidos. Sem falar das vezes em que chegava em casa de porre, totalmente entregue às trevas.

Mesmo com todas as possibilidades, a semana sempre recomeça e levanto cedo para trabalhar todos os dias. É uma atividade maçante, mas consigo dar conta e o dia voa. Gostaria de falar sobre coisas alegres, mas são poucas as vezes em que me sinto feliz, até no local de trabalho sofro com os comentários e a perseguição de minha chefe. Ela observa minhas roupas extravagantes, o jeito que olho e sorrio, e sempre acha que estou dando em cima do supervisor. Não vou negar que meu olhar é de paquera, pois o cara é bonito, tem olhos verdes, coisa rara de se ver por estas bandas, mas fica apenas nisso.

Porém, apesar de minha dedicação, sou sempre ameaçada, acusada de falta de atenção e de serviços mal feitos. O assédio moral é frequente e sinto que não poderei continuar nesse emprego; no anterior aconteceu a mesma coisa, mas com assédio sexual. Como preciso trabalhar para pagar minhas contas, fico constantemente ansiosa e com medo de ser demitida.

Assim, com exceção da universidade – aliás, nem sei como consigo dar conta dos estudos – parece que meus dias são constituídos de repetições ruins no trabalho, em casa e na minha relação sofrida e interminável.

Quando o fim de semana retornou, ganhei um convite para uma festa, ou seja, mais uma oportunidade para alegrar a mente, transar, tomar um porre e acordar, no dia seguinte, vomitando e com dor de cabeça. Isso acontece todo sábado e não seria diferente dessa vez. Como já tinha pintado as unhas de preto, coloquei um vestidinho tipo tubinho da mesma cor, pois ele salientava minhas coxas e as costas ficavam livres. Foi o único que sobrou e, para as próximas festas, teria que fazer uma nova compra, pois não iria pagar o mico de repetir o look e ser alvo de chacota nas publicações das redes sociais. Porém, acho que a próxima vai ter que esperar até eu conseguir pagar o cartão de crédito. O sapato dourado com salto alto me elevou mais sete centímetros, harmonizando minha altura e combinando com uma bolsa pequena de alça para o celular e alguns apetrechos, como camisinha e creme lubrificante.

Acho que todas as mulheres adoram se preparar para as festas, mas haja dinheiro para atender à produção de beleza feminina: eu tinha que pintar os cabelos, as unhas das mãos e dos pés, fazer depilação, passar cremes, maquiagens, perfumes...ah, que delícia! Certamente, o salário das mulheres deveria ser bem maior que o dos homens e tenho certeza de que a indústria de cosméticos, os salões de beleza, as boutiques de roupas e as lojas sapatos agradeceriam.

Esse trabalho todo para se produzir tem muito a ver com os canhões de luzes coloridas que vêm do palco na balada, pois eles tornam nosso brilho ainda mais bonito.

Naquele dia, chegamos arrasando com os olhares em nossa direção; além de uma baita galera, estavam lá quase todos os caras conhecidos. Não sei se eles vêm para me ver ou porque, como eu, também querem extravasar e curtir a música, beber, usar algumas coisinhas e por aí vai...

Depois de um certo tempo de reconhecimento do local, bebi alguns drinques para esquentar e, de repente, avistei Ângelo, o "affair" mais recente. Ele veio na minha direção com alguma intenção, não sei se era para me falar alguma coisa ou tentar me beijar, mas meu olhar estava voltado para Pablo que, de longe, me observava. Quando chegou mais perto, afastei-o com as mãos e gritei:

– Eitaaa, que isso, cara!

– Qual é, Anni, tá se achando demais! – ele retrucou e tentou novamente. Reagi e esbravejei, pronta para socá-lo, mas os seguranças vieram em meu socorro e o retiraram da festa. Aos prantos, ele gritou:

– Aqui não é lugar para você, olha o que tá fazendo contigo!

Pablo ouviu e berrou de longe:

– Cai fora, otário!

Ângelo estava irreconhecível, devia estar chapado e, segundo as amigas, ele iria me agredir. A noite que "prometia" para mim acabou ali, pois passei o maior mico da vida e fui motivo de riso da galera. Envergonhada e chorando, abandonei a festa sem dar a mínima para o Pablo. Achei estranho quando uma amiga voltou ao local para buscar o casaco que Ângelo havia deixado numa cadeira e fiquei com ciúmes, pois achei que as palavras dele eram de interesse por mim, não por ela.

Acordei de manhã com um péssimo humor e com o beijo de meu pai, que não abandonou esse hábito. Era aniversário de minha mãe e ele me perguntou se havia comprado um presente para ela.

– Presente? Que presente? – falei meio tonta.

– Hoje sua mãe faz aniversário, Anni! Caracas, vou ver o que faço.

Meio indignada, levantei e fui até o mercado para comprar algumas flores, isso porque já tinha gasto quase todo meu dinheiro com bebidas. "Parece que quem ganha mesmo com as comemorações é o comércio... afinal, quantos milhares de empregos são gerados ali?" pensei. Fiquei mais aliviada.

Novamente, o fim de semana chegou e saí de casa com uma impressão ruim, como se algo fosse acontecer naquele dia. Fui para um bar à noite e quem eu encontrei lá? O Ângelo e aquela amiga que voltou para buscar seu casaco na festa.

– Que coincidência, não é? – falei. Ela ficou vermelha, mas não respondeu – Só dei uma passadinha aqui e, por acaso, nos encontramos. Bye, to indo!

Consegui convencê-lo a sair dali comigo, mas a menina deu um jeito de avisar Pablo e ele chegou no local a tempo de nos ver saindo de mãos dadas. Sua mãe estava no banco de trás do carro e se assustou quando ele deu meia volta e saiu apressado, acelerando bruscamente.

Ao chegarmos na minha casa, vi que nos esperava em frente ao portão. De repente, ele entrou na frente do carro de Ângelo, que quase o atropelou:

– Caralho! Tu tá querendo morrer, cara?

Os dois ficaram cara a cara que nem galo de briga e começaram a se empurrar, mas ficou só nisso. Pablo, então, ameaçou:

– Se você aparecer de novo, vou acabar contigo!

Depois, gritou um monte de ofensas e palavrões. Ângelo não ligou e saiu dali.

Com medo de ser perseguida, corri e entrei em casa. Ao religar meu celular, vi as mensagens que a mãe de Pablo havia mandado, pedindo que eu não parasse o carro na frente de casa.

Pablo passou a me perseguir. Esperava que eu saísse e chegasse todos os dias na frente de minha casa e mandava mensagens, implorando que não o deixasse. Meus pais começaram a ficar preocupados com aquela situação e registraram um boletim de ocorrência na delegacia. Felizmente, ele desistiu antes da coisa ficar feia e sumiu de vez.

Alguns dias depois, recebi uma mensagem de Ângelo no celular, fingindo que havia se esquecido do incidente:

"Porque você insiste em ficar com alguém que só te faz sofrer? Você é um sonho para mim e quero te ver feliz, me dá uma chance. Desculpa por aquela noite, eu não estava bem e tinha enchido a cara" e mandou um emoji com carinha com vergonha. Eu nunca tinha ouvido algo assim de Pablo, apenas ameaças. Isso mexeu comigo e respondi:

"Por mim, tudo bem, mas e o rolo com o Pablo? Eu até posso me esforçar para esquecer dele, mas vai depender muito de você."

Ele respondeu que prometia me fazer feliz e que eu não me arrependeria. Pedi que ele me desse um tempo para resolver...

Na verdade, eu não queria responder naquele momento. Minha vontade era dizer que sim, pois se abrisse mão de Pablo, iria precisar de alguém para substituí-lo, alguém em quem eu confiasse. Essa era uma das razões por que eu não desistia dele, queria que os homens fizessem a mesma coisa por mim; quando sentia falta, era só mandar uma mensagem que ele vinha correndo como um cordeirinho.

Naquela noite, sonhei que estava na casa de Pablo, conversando com sua mãe na sala. Ele chegou com duas meninas que o chamavam de boy. "Boy, vamos para o apê, então" dizia uma delas. Aparentemente, ele tinha comprado dois apartamentos, um para cada uma... fiquei muito revoltada e investi contra ele.

Acordei irritada, dando socos e pontapés em cima da minha cama. Ainda deitada, pensei: "o sonho está me dizendo que ele é um mulherengo". Foi a gota d'água...

Mandei uma mensagem para Ângelo e o chamei para comer uma pizza. Fiquei esperando que ele visualizasse a mensagem e, quando finalmente ficou online, respondeu de imediato:

"Vou te pegar à noite! Tem preferência por algum lugar?"

"Não, desde que a gente possa bater um papo e tomar uns chopes."

Ficamos até tarde da noite, conversando e relembrando de nossas peripécias do tempo em que namorávamos. Ele voltou a pedir desculpas pelo péssimo comportamento na festa, parecia arrependido:

– Anni, você sabe que meu sonho sempre foi te namorar e não me conformo em saber que você esteja perdendo tanto tempo com esse cara! Eu tenho muitas surpresas para ti e acho que vai gostar, basta confiar em mim.

– Sério? Que surpresas são essas?

– Um dia você descobre – ele respondeu e riu.

Já estava meio tarde, as bebidas faziam efeito e eu resolvi perguntar:

– Você tá sozinho em casa?

– Não, por que? Quer dar uma esticada?

– Minha mãe tá em casa hoje, mas a gente pode ficar até de manhã num motel. O que acha?

– Acho uma boa, você tá me devendo uma mesmo. Da última vez só aproveitou... há-há-há!

Quando chegamos ao motel, Ângelo pediu mais bebidas, pegou uma "bala" subimos para o quarto. Ele ligou a televisão num filme pornográfico, aumentou o volume da música sertaneja que tocava, acendeu um baseado e, em poucos minutos, já estávamos em alta frequência. Como sempre, tomei a iniciativa e sugeri uma posição dita "69", que me fez subir as paredes de tesão. Aquela melodia sertaneja lembrava o som de cavalos tropeando e a imaginação ultrapassou os limites do prazer; como numa cavalgada, entreguei as rédeas e fiquei de quatro para que me possuísse por trás. O problema é que ele subiu e gritou:

– Vai, sua cadela, corre! Há-há-há!

Putz... aquela palavra soou como um balde de água fria e quebrou o encanto completamente. Na hora, me lembrei de quando papai me chamou de prostituta e da vez em que Pablo me xingara de "vadia do Orkut".

– Cadela não... – falei para ele, jogando o corpo para o lado.

– Ah, sem essa, entra no clima! Vai estragar a festa?

– Não consigo, perdi a vontade, você me ofendeu...

– Desculpa, então, achei que você gostasse – falou.

– Não sou esse tipo de mulher!

Voltamos para casa e ele, emburrado, reclamou de ter gastado um monte de dinheiro no motel e ainda acusou Pablo de ter acabado com a sua noite. Ele não acreditava que eu iria deixá-lo:

– É que você não consegue esquecer o cara, não é?

Respondi que não tinha nada a ver, só tinha perdido o tesão, talvez eu estivesse perto da minha TPM, sei lá o quê. Estranho é que, quando transava com Pablo, sempre pensava em falar algo parecido, algum xingamento, mas nunca disse nada.

Passou uma semana e eu estava louca para corrigir nossa transa, pois já era a segunda vez que não tinha ficado satisfeita com ele e queria me retratar, provar que tinha abandonado o outro cara de uma vez por todas. Estava no período fértil e sensível a qualquer toque. Como não gostava de usar comprimidos para me proteger de gravidez, o médico havia me receitado uma injeção anticoncepcional mensal que me deixava sempre pronta para qualquer momento.

Parece que houve um sincronismo, pois, de repente, recebi uma mensagem de Ângelo:

– E aí, gata, tudo bem com você? Vem aqui me curar, estou só e com um baita tédio, imaginando aquela pegada interrompida.

O coração disparou e todo corpo tremeu quando li a mensagem. Em seguida, respondi:

– Oi, sumido, que saudade! – e mandei um coração vermelho.

Eram três horas da tarde quando cheguei na casa dele. Logo que entrei, ele me abraçou pela cintura, baixou as mãos e segurou minha bunda enquanto me dava um beijo de língua. Meus mamilos enrijecerem e fomos direto para o quarto, jogando as roupas pelo chão no caminho. Caímos na cama e eu, passivamente, deixei suas mãos deslizarem delicadamente por todo meu corpo, que se arrepiava cada vez mais. Quando chegou na zona mais erógena e tocou os pelos próximos à vagina, eu já estava faminta e louca de paixão, mas esperei até que sua língua tocasse meu clitóris, uma, duas, três vezes... urrei de tesão!

Não resisti mais e o agarrei pela cintura, trazendo seu pênis até minha boca – eu não consigo gozar se não estou dominando, tem que ser sempre do meu jeito. Transamos várias vezes até de noitinha, descansando a cada orgasmo e entre um baseado e outro. Fazia muito tempo que não sentia tanto prazer, acho que desde o início do namoro com Pablo.

Encerramos a noite pedindo comida e uma garrafa de champanhe, foi inesquecível. Com um toque de taças, comemoramos a volta de nosso namoro:

– Saúde! Um brinde ao nosso retorno, eu te amo, Anni! – falou emocionado.

– Saúde, Ângel! Juntos para sempre!

"Adeus, sexo casual, este é o cara, ele é bom de cama! Mas ainda não amo ele" pensei. Fizemos uma selfie para registrar o momento.

Tudo voltava ao normal de novo: eu estava feliz e namorava um cara que me prometeu a felicidade (e estava cumprindo), chegava a ficar cansada de tanto transar com ele. Minhas notas na faculdade aumentaram, minha formatura se aproximava, dei um tempo nas festas e baladas com minhas amigas. Pablo estava distante, apesar de, às vezes, aparecer nos meus sonhos e pesadelos, e voltei a falar com meu pai, esquecendo a surra que tinha levado.

Ele redobrou sua aproximação de mim; tornou a me beijar ao sair de manhã e quando chegava à noite, voltou a secar meus cabelos e, depois de dar um fim na chave do meu quarto, passou a entrar e me ver nua, trocando de roupas. Ele ficava paralisado, olhando para mim, apesar da minha contrariedade. Acabou minha privacidade em casa, mas não reclamei.

O problema é que eu sempre começo a desconfiar quando as coisas estão indo bem demais e isso me fez lembrar de um ditado: "Cortesia com o chapéu alheio tem cheiro de maracutaia".

Certo dia, num de meus encontros com Ângelo em sua casa, abri uma gaveta do guarda-roupa de seu quarto e me deparei com vários blocos de cédulas de cem reais, amarrados e organizados. Quase caí para trás, deu um frio na barriga e gelei de medo. Sabia que ele estava desempregado e, às vezes, estranhava seus gastos com motel e presentes caros. Fechei a gaveta rapidamente e fiz de conta que não vi nada.

Um tempo depois, acabei perguntando num momento impulsivo:

– Ângelo, o que é aquele dinheiro todo em seu guarda-roupa?

– Amor, é tudo fruto do meu trabalho, agora sou o líder desta área para compra e venda de "produtos". Ficaremos ricos, amor, e você será minha mulher, quero fazer uma grande festa no dia de nosso casamento! Você poderá ter tudo o que quiser e nem vai precisar estudar e trabalhar... vamos viajar mundo afora!

Ouvi aquilo com desdém e decepção:

– Nunca, jamais serei sua mulher! Prefiro trabalhar e lutar para ter minhas coisas, não quero dinheiro fácil vindo sei lá de onde. Pior ainda, como construir uma família com alguém que poderá ser morto a qualquer momento? Não, Ângelo, ficamos por aqui, arranje outra pessoa que aceite dormir em cima do dinheiro dos outros!

– Anni, não se preocupe com isso, estamos numa região tranquila em que tudo é feito com lavagem de dinheiro há muitos anos, ninguém irá nos importunar. Só usa drogas quem tem muito dinheiro e pode gastar com elas.

– Não, não, não é isso que desejo para minha vida, prefiro dormir à noite com minha consciência tranquila – respondi.

– Bem, infelizmente não posso mais abandonar meu posto. Eu batalhei muito por você, para te dar uma vida tranquila e feliz, conforme tinha prometido. Anni, estamos todos envolvidos nisso no fim das contas, seja usando, comprando ou vendendo.

Dei adeus a ele com lágrimas nos olhos. Meu mar de rosas tinha acabado.

*

Depois de tudo que passei com Ângelo, minha mãe veio com a notícia de que o seu colega de trabalho, que eu tinha namorado, estava noivo. Isso me deixou mais para baixo ainda:

– Não acredito que aquele guri "tanso" noivou!

– Pois então, se tivesse seguido minha orientação, teria sido contigo. Aliás, você tem certeza de que quer casar, Anni? Não vejo como alguém pode te querer como esposa e você só escolhe os meninos mais jovens, que não têm uma vida estável financeiramente...

– Sim, mãe, eu quero me casar se encontrar alguém legal, mas você sempre me diz que os homens só querem se aproveitar das mulheres e, inclusive, o teu marido abusou de mim – retruquei.

Ela ouviu aquilo, sacudiu a cabeça e foi para a cozinha em silêncio, como se soubesse dos abusos.

Fiquei pensando se essa compulsão, esse desejo enraizado em mim, seria igual com todos os homens. No fim, não parecia ter muitas opções: ou vivia sozinha ou fazia daquele impulso sexual uma profissão.

SEXTA PARTE

Retorno a mim mesma

Tinha chegado aos vinte e dois anos de uma vida conturbada e repleta de conflitos. Por isso, novos pensamentos começaram a brotar em meu interior numa tentativa de dar um basta em tudo aquilo, pois meu corpo e alma já começavam a dar sinais de cansaço. Eu não aguentava mais chorar tanto e percebi que precisava de alguma ajuda.

Desorientada, não sabia por onde começar. Por achar que os sonhos me traziam mensagens inconscientes, o que eu atribuía à espiritualidade ou a coisas sobrenaturais, comecei a pesquisar outras formas de lidar com as coisas que me afetavam. Pesquisei uma série de terapias alternativas, como religião, yoga, reiki, tarot, hipnose, regressão, radiestesia, meditação, barras de *Access*, *Thetahealing* e tantas outras.

Cheguei até a entrar numa igreja vazia para pensar em Deus e pedir que tivesse compaixão de mim, mas tive a sensação de que meu pedido era muito vago. Não podia pedir clemência para os meus erros; eu teria que me haver com eles e o Criador nada tinha a ver com isso.

Naquele momento, pensei em um debate que acontecera numa das aulas de filosofia, no qual o professor sugeriu a ideia de um único governo mundial, democrático e com base na Declaração Universal dos Direitos Humanos, e também uma única religião, que seria professada pelo amor e cujo templo seria o nosso coração. No fim, ele nos deixou a frase "Ame o seu próximo como a si mesmo" e, depois de muito debate, alguns alunos consideraram aquela ideia uma utopia.

Dessa forma, escolhi a meditação por achar a prática semelhante à ideia do amor e por ser um processo mais individual. Aprendi como meditar em um blog na internet: deveria ficar sozinha, em silêncio, tranquila, sentada confortavelmente com as mãos nos joelhos e com os olhos fechados, concentrar a mente no meu corpo e esquecer de tudo à minha volta durante alguns minutos. Numa segunda etapa, ainda com os olhos fechados, deveria visualizar minha imagem como uma pessoa feliz e com as dificuldades sob controle.

Inicialmente, eu achava difícil me concentrar, mas fui relaxando mais e mais a cada dia de exercício. Sentia um bem-estar interior que me deixava calma e, com tempo e persistência, consegui até meditar com os olhos abertos, olhando para o vazio. A meditação me ajudou muito a me policiar, pois parecia que eu estava centrada em mim, não mais no controle dos outros. Porém, como tudo é um longo processo que exige disciplina e força de vontade, acabei fraquejando algumas vezes pela impaciência de encontrar os meios adequados que me levassem ao encontro de mim mesma.

Porém, eu sabia que somente o relaxamento não bastava. Eu precisava de alguém para me ajudar, pois os problemas continuavam lá e eu apenas havia colocado um peso sobre eles. Que solução eu poderia dar a algo que brotava dentro de mim sem piedade? Foi então que, por sugestão de colegas do curso de psicologia, soube de uma disciplina eletiva que trabalhava a análise da alma, uma teoria relativa à vida psíquica tal como é determinada pelo inconsciente.

No semestre que se iniciava, fiz a inscrição para a matéria e as primeiras aulas já mostravam que eu realmente deveria fazer as pazes comigo. Era tudo o que eu queria. Comecei a refletir sobre questões que eram complexas para mim e algumas palavras causaram tanto movimento interior que me fizeram levantar dúvidas sobre minha vida, a qual vinha se arrastando entre conflitos durante os últimos anos. O estilo e o método didático em sala de aula simulavam uma análise coletiva, pois, ao mesmo tempo que o professor fazia a leitura de um determinado tema, levantava questões com exemplos cotidianos que exigiam uma certa postura frente às situações problemáticas até então vividas por nós. Ou seja, ele revolvia feridas internalizadas que alguns alunos nem sabiam que tinham, sempre estimulando a reflexão. Alguns não suportavam o constrangimento e deixavam a sala instintivamente, retornando após o intervalo ou adiando a matéria para outro semestre.

Eu enfrentava esses momentos, mas começava a me movimentar na cadeira, descruzando as pernas a todo momento e desviando a cabeça para um ou outro lado, pois não queria ser o alvo dele ou de todos. Quando o professor olhava para mim com um olhar fixo e um sorriso sarcástico, sentia que o sangue rapidamente subia para a cabeça, meu rosto ruborizava, tudo ardia por dentro e por fora. Eu tremia, minhas mãos suavam, sentia algo parecido com alfinetadas desferidas por todo o meu corpo, o coração demorava para reduzir os batimentos cardíacos e eu precisava me abanar com o caderno em meio a uma sala repleta de acadêmicos. Não sabia como me controlar, então abaixava a cabeça para que ele não percebesse meu nervosismo revelador.

Parecia que tudo tinha a ver comigo e eu não suportava aquele olhar, era uma inquisição! Ele desfiava a teoria freudiana sobre narcisismo, sadismo, neurose, histeria, perversão, complexo de édipo... e cada uma delas estava inscrita em mim, gravada, registrada, internalizada.

A questão do complexo de édipo foi um dos temas mais discutidos em sala de aula. De acordo com o professor, essa teoria é baseada numa tragédia grega sobre um filho que mata seu pai para casar-se com sua mãe, o que me levou a entender que eu vivia um amor incestuoso com meu pai. Claro, o ato sexual da penetração não ocorreu, mas suas carícias durante toda minha infância me fizeram amá-lo intensamente e odiar a minha mãe, sua mulher e amante.

Também me reconheci como sadomasoquista por sentir prazer em agredir os homens com os quais me relacionei. Eu gostava de dominá-los no ato sexual, gozava desse lugar e exigia que fossem submissos a mim, sem nunca permitir que estivessem no controle. Por essa razão, escolhia sempre aqueles tipos adolescentes e mais novos do que eu, eles eram mais fáceis de dominar.

A neurose histérica obsessiva se mostrou como um conflito psíquico, certamente por ter sido usada e abusada frequentemente na minha infância, o que despertou em mim o desejo sexual compulsivo. Era esse sentimento de insatisfação que permeava minhas atitudes e comportamentos, controlando cada gesto, cada olhar e me fazendo considerar uma profissão ligada ao sexo.

Esse desfecho, inclusive, me levou a buscar todas as formas de prazer possíveis: o prazer sexual, cuja perversidade extrapolava os limites na busca pelo gozo oral, anal e pelo orgasmo múltiplo; o prazer no uso de drogas ilícitas, desde as mais pesadas às leves; e o prazer no uso de bebidas alcoólicas, que me deixavam de porre e anestesiavam meus sentidos.

Assim, essas questões ocultas começaram a vir à tona e eu compreendi que tudo pode ser trabalhado e revisto. De acordo com todos os ensinamentos das aulas, eu deveria elaborar cada uma delas dentro de meu ser num processo de autoconhecimento; a partir disso, aprenderia a lidar com essas questões e poderia, quem sabe, encontrar um caminho mais objetivo na minha vida.

Em detrimento disso, decidi buscar ajuda psicológica depois de alguns meses, o que me levou a dar início a essa narrativa. Por meio dela, espero ajudar outras pessoas a reconstituírem suas próprias histórias e a desenvolverem novas perspectivas a partir de si mesmos.

Havia um colega de classe que eu admirava muito, mas ele não fazia parte do grupo dos bolsistas e nunca o via nas rodas do "cachimbo da paz", que aconteciam nos intervalos das aulas. Às vezes, realizávamos trabalhos em grupo fora da faculdade e eu, sedutora como sempre, imaginava a possibilidade de ficar a sós com ele numa dessas saídas. O fato de ele ser casado tornava as coisas mais difíceis.

Muito estudioso, fez estágio em psicanálise para atendimento clínico sob a supervisão de um orientador e participou de um grupo de estudos sobre os mais diversos trabalhos de Freud. Por isso, tive a ideia de me oferecer como "cobaia" de seus estudos e ser a sua primeira paciente, já que ele planejava ter uma clínica assim que recebesse o diploma em psicologia. Com isso, ele teria a oportunidade de iniciar a experiência em psicanálise que tanto desejava e, ao mesmo tempo, eu poderia buscar tratamento para minhas angústias. Felizmente, ele aceitou e, enquanto montava a clínica, tivemos algumas sessões numa sala com divisórias de vidro, utilizada para trabalhos em grupo na biblioteca da faculdade.

As sessões iniciais me fizeram chorar muito. Ao falar sobre mim, senti que me livrava das tensões como numa descarga de coisas ruins e o alívio foi quase imediato. Eu me senti confortada apenas por ser ouvida, comecei a me livrar de algo como se esvaziasse um saco imaginário cheio de fantasias. Ao falar, escutava minhas próprias ideias, percebia minha identidade ao refletir sobre o que conversávamos, tinha insights a todo momento e cada informação ia se encaixando aos poucos. Fui conhecendo a mim mesma e modificando minha conduta, como a tarefa de aparar as arestas de uma pedra para que ficasse lapidada.

Foi uma experiência inédita: poder falar sobre qualquer coisa, sem ser interrompida nem censurada pelo que dizia e, ainda, sabendo que nada sairia daquele recinto. Eu ficava surpresa comigo mesma pelo resultado de meus discursos, que começavam a ser desenvolvidos livremente e sem sugestão do psicanalista. Ele apenas me dizia "você pode falar o que lhe vier à cabeça". Como poderia imaginar que ali, naquele lugar entre quatro paredes, sendo ouvida por alguém estranho a mim, eu pudesse me sentir melhor apenas ao falar?

Às vezes, ele parecia estar distante ao repetir apenas um som gutural de confirmação. Porém, no andamento das sessões que se sucediam, comecei a me sentir inquieta, achava que o analista desconfiava da veracidade das histórias que eu contava pois, em alguns momentos, ele me confrontava e me deixava irritada. Ao deixar o consultório, eu chorava por entender o que havia sentido e me lembrava de que precisava resolver aquelas questões.

A princípio, minhas queixas se referiam ao namoro com Pablo e eu concentrava todo meu discurso nesse relacionamento que parecia ser, para mim, a razão de meus sofrimentos e conflitos. Entretanto, eu me sentia instigada, motivada a falar mais sobre cada questão que eu trazia naquelas livres associações que me incomodavam e, aos poucos, fui percebendo que o relacionamento era apenas a ponta do iceberg. A origem de tudo estava lá no fundo e vinha à tona como lampejos, desaparecendo logo em seguida.

No decorrer dos encontros, cheguei a pensar que o interesse dele por mim estava além da simples terapia; a princípio, ele quase não falava comigo, era frio e distante, mas depois passou a apertar minha mão na entrada e saída do consultório. A desconfiança aumentava a cada sessão, principalmente pelos olhares dele para mim, que pareciam querer me seduzir.

Certo dia, cheguei para a consulta muito irritada por achar que a análise não estava mais me satisfazendo e acabei disparando, num impulso, a frase que minha mãe tanto repetia: "os homens só querem usar as mulheres". Ele deu um sorriso e me perguntou por que eu estava falando aquilo, se eu achava que ele também tinha essa intenção comigo, se passava a imagem de um homem abusador. Depois, pediu que eu fizesse um esforço para me lembrar de minha infância e que falasse exaustivamente a respeito disso. Como já era o final da sessão, deixei a sala com a mente acelerada de dúvidas.

Quando voltei na semana seguinte, fui convidada a deitar no divã e senti a diferença de não estar mais frente a frente com o analista, pois o meu olhar, agora, era para dentro de mim, não mais para o outro. Com essa nova visão, pude buscar respostas interiores de forma mais concentrada, sem ter que desviar minha atenção para as reações de seu rosto e de seu corpo.

Ele me instigou de novo, fazendo com que eu voltasse ao assunto da infância, e respondi que, por toda a minha vida, tive uma sucessão de relacionamentos nos quais sentia que era sempre usada e abusada, pelos homens.

Depois, falei detalhadamente sobre todos eles e, nesse processo, lembrei que meu interesse sempre fora sexual, pois meu maior prazer era esse, e pensei na compulsão que tinha por sexo. De repente, a ficha caiu, a crise emocional se abateu sobre mim e desatei num choro de dor incessante ao abrir a maior ferida de todas: espontaneamente, relatei ao analista sobre o abuso sexual que sofria pelo meu pai quando criança e falei que, hoje, ele ainda continuava ao meu lado, pois morava comigo. Escutei um suspiro...

As questões começaram a ficar mais claras à medida que eu compreendia cada sentimento, cada detalhe que me ligava ao meu pai durante a infância: eram mimos, carícias, beijos, ciladas, atrações, seu jeito de me olhar, seu gosto e cheiro, sua voz, seu modo de me embalar e brincar. Fui revivendo cada emoção, cada angústia por suas promessas não cumpridas e por suas ausências, cada situação estabelecida por um amor incestuoso. Com certeza, esses fatores tinham muito que ver com minhas dificuldades de ligação afetiva e amorosa, as desconfianças nos relacionamentos, a dificuldade em manter uma vida sexual saudável sem aquela compulsão doentia e a dependência do uso de substâncias lícitas e ilícitas.

Desta forma, depois de mais de um ano, a análise começava a caminhar para uma conclusão, pois, ao compreender o emaranhado que me envolvia, senti liberdade suficiente para deixar aquelas questões em segundo plano na minha vida. Passei a lidar muito melhor com elas e comigo, fiquei convencida de que aquela criancinha não existia mais e entendi, finalmente, que era adulta o suficiente para manejar minha compulsão, agora eu a conhecia.

A porta estava aberta e, depois de tanto persistir, minhas visualizações se realizaram: um novo relacionamento, um amor consciente.

Sobre o Autor

Leonel Moreno é um escritor, psicólogo-psicanalista, que investiga as causas dos traumas e sintomas psicológicos que afetam os seres humanos dificultando seus relacionamentos, bem como os motivos que norteiam suas próprias escolhas.

Procura mesclar em suas narrativas e romances a ficção com a não ficção, de modo que o leitor ao se identificar com as questões que o afligem, passe a se envolver e participar emocionalmente na trama, levando-o a reflexão a fim de aprender a lidar com seus problemas e conflitos interiores, os quais, na maioria das vezes são obstáculos para sua felicidade.

O autor, quando criança, ao conhecer e ler livros de contos infantis, passou a ser um leitor assíduo da literatura brasileira e herdou de sua mãe o desejo pela escrita. Escreveu muitos projetos na área da infância e adolescência para instituições de acolhimento, cujos destaques são: "Criando Leitores", "Contando Histórias na Escola". Autor de artigos publicados em revista com os títulos "Prevalência de Doenças Ocupacionais e Dor em uma Instituição de Ensino Superior" e "O Papel do Lúdico na Aprendizagem". Nascido em Porto Alegre, é Pedagogo e Psicólogo formado pela UNIVALI/SC e Pós-graduado em Neuropsicologia pelo IBNEURO/DF. Leonel, há seis anos, atende a clientela adulta em seu consultório utilizando a abordagem psicanalítica, além de fazer avaliações neuropsicológicas e escrita de laudos psicológicos.

Pai de um casal de filhos, Leonel vive em Itajaí, uma pequena cidade do litoral catarinense, próxima à Balneário Camboriú, onde dedica-se a escrita de artigos e livros.

A Casa do Escritor presta Consultoria e Serviços e auxilia
escritores no processo de produção, publicação e lançamento
de seus livros. Saiba mais em *casadoescritor.com*

www.ingramcontent.com/pod-product-compliance
Lightning Source LLC
Chambersburg PA
CBHW051819250726
48659CB00005B/1564